Universal Edition

reihe jazz

herausgegeben von Joe Viera

W0250311

Joe Viera

Grundlagen der Jazzharmonik

Diese Reihe entsteht in Zusammenarbeit mit dem Studienzentrum für zeitgenössische Musik in Burghausen

www.universaledition.com
vienna · london · new york

UE 24 002
ISMN 979-0-008-01300-3
UPC 8-03452-00279-6
ISBN 978-3-7024-0085-9

Eine eingehende Beschäftigung mit den wichtigsten charakteristischen Akkordstrukturen und -verbindungen ist für alle Jazzmusiker — und überhaupt für jeden, der tiefer in den Jazz eindringen will — unerläßlich. Sie erfolgt zweckmäßigerweise mit Hilfe des Klaviers, das wie kein anderes Instrument für Harmoniestudien geeignet ist. Den Weg dazu soll dieses Heft zeigen, das auch für diejenigen gedacht ist, die über keinerlei Klavierkenntnisse verfügen.

15. Auflage 2011

INHALT

Joe Viera, Prof., geb. in München. Seit 1971 Lehrbeauftragter der Staatlichen Hochschule für Musik und Theater Hannover und der Universität Duisburg. Daneben kürzere Lehraufträge an Hochschulen in München, Berlin, Innsbruck, Winterthur, Reutlingen und Würzburg. Gründete 1970 die Internationale Jazz-Woche Burghausen (seither deren künstlerischer Leiter) und 1972 das Studienzentrum für zeitgenössische Musik Burghausen. Bereiste 1978 mit seinem Sextett im Auftrag des Goethe-Instituts neun afrikanische Länder.

VORWORT ZUR 9. AUFLAGE (1983)

Vielfach hört man die Meinung, über Jazz könne man keine objektiven Aussagen machen. Ich teile diese Ansicht nicht. Sie erscheint mir allzu bequem, da sie eine Menge Arbeit erspart: Hören, Nachdenken, Analysieren, Begriffsbildung . . . Außerdem steht sie im Widerspruch zur Klarheit und Logik der Musik, die wir Jazz nennen.

Es ist das Ziel der „reihe jazz", einiges von dem zu notieren, was im Jazz geschah und geschieht. Alle Übungen sind im Unterricht vielfach erprobt worden.

Theorie und Praxis sind untrennbar, auch im Jazz. Musik ohne Theorie wäre blind, ohne Praxis taub.

●

Nach 8 Auflagen wurde dieses Heft gründlich überarbeitet und wesentlich erweitert. Neu hinzugekommen ist außerdem ein kleines Schallplattenverzeichnis.

Die Kenntnis von Heft 1 der „reihe jazz" (Grundlagen der Jazzrhythmik) wird vorausgesetzt.

Mit diesem Heft wird — wie mit Heft 1 und 3 (Arrangement und Improvisation) der „reihe jazz" — auch dem Musiklehrer an allgemeinbildenden Schulen das Material an die Hand gegeben, ohne das er schon heute für seinen Unterricht nicht mehr auskommt.

EINLEITUNG

Die Harmonik spielt im Jazz eine weitaus größere Rolle als im allgemeinen angenommen wird. Sie benützt zwar zum Teil dasselbe Tonmaterial wie die traditionelle europäische Musik, doch hat sie ihre eigenen Regeln. Diese einfach aus der europäischen Harmonielehre abzuleiten, ist nicht möglich, allein schon wegen der Bedeutung, die der Blues auch in der Jazz-harmonik hat. Hinter scheinbar einfachen Strukturen verbergen sich oft durch Verfremdungen und Verschleierungen unscharf gemachte komplexe Verhältnisse, die für das betreffende Stück charakteristisch sind. Wer sie nicht hört, dem fehlen wesentliche Informationen, um die Musik zu verstehen.

Wir können hier aus Platzgründen natürlich nur die wichtigsten Erscheinungen behandeln. Eine ausführliche Darstellung würde mehrere dicke Bände füllen.

Um in harmonische Strukturen einzudringen, bedarf es ständigen Hörens und sich Einfühlens. Man muß daher in der Lage sein, Harmonien wenigstens in einfachen Formen selbst am Klavier zu spielen. Das gilt für jeden Musiker, gleich welchen Instruments — auch für Schlagzeuger, die gerne geneigt sind, sich von solchen Dingen fernzuhalten, obgleich ihnen eine Kenntnis der Arbeitsgrundlagen ihrer Mitmusiker sehr nützen würde — und es gilt auch für jeden, der Jazz kritisch und gerecht beurteilen will.

Um Harmonien am Klavier spielen zu können, braucht man nicht unbedingt regulären Unterricht auf diesem Instrument. Ein Selbststudium, zu dem im folgenden ein Leitfaden gegeben wird, genügt vielfach.

Wenn man die Harmonien eines Stückes am Klavier spielen kann, gewinnt man noch einen anderen Vorteil: man behält sie viel besser im Gedächtnis. Das ist aber eine der Voraussetzungen für das Improvisieren, das sich auch in Zukunft nicht für dauernd von harmonischen Bindungen lösen wird.

Im Grunde ist für jemanden, der von der Klassik herkommt, die Harmonik des Jazz schwerer zu verstehen als die Rhythmik. Die Gefahr von Mißverständnissen ist nämlich größer. Die Rhythmik des Jazz ist eindeutig anders: ihr liegt ein anderes rhythmisches Konzept zugrunde. Auch die Harmonik beruht auf einem anderen Konzept*, das aber erst bei näherer Beschäftigung deutlich wird. Es ist klanglicher Natur, was bedeutet, daß spezielle Klänge (Akkorde) bevorzugt werden und daß manche Akkorde, die dem Klassiker aus seinem Bereich vertraut sind, anders gehört werden.

Es ist nicht leicht, dies in Kürze zu beschreiben. Hier ein paar wichtige Punkte:

1. Akkorde entstehen für den Jazzmusiker durch Aufeinanderschichten von Tönen (Additionsprinzip wie im Rhythmischen).
2. Akkorde werden im Jazz vor allem als Klangfarben gehört. Es sind Klänge in Akkordform. Der Klang ist das primäre Erkennungsmerkmal eines Akkordes. Er wird zum einzigen, wenn Akkorde nur kurz erklingen, etwa bei der Begleitung eines Pianisten oder Gitarristen.
3. Die Grundtöne der Akkorde spielen im Jazz die Rolle eines klanglichen Fundaments so wie der beat im Rhythmischen. Wie der beat werden auch die Grundtöne angesteuert, umspielt, verschleiert.
4. Auch in die Klänge des Jazz spielt ein starkes tänzerisches Moment herein. Rhythmen und Klänge verhalten sich ähnlich wie Bewegungen und Farben (der Kleidung) der Tänzer in Schwarzafrika.

---

* Einflüsse afrikanischen Gesanges und afrikanischer Sprachen. Siehe dazu „Grundlagen der Jazzrhythmik", S. 7 - 15 und „Arrangement und Improvisation" (Kapitel Melodik).

5. Im Jazz gibt es keine Leittöne, oder anders ausgedrückt: alle möglichen Töne können im Jazz in bestimmten Situationen Leittoncharakter haben.

6. Das Begriffspaar Konsonanz : Dissonanz gibt es nicht. Wohl aber Spannung zwischen Akkorden, harmonische Bewegung, harmonische Schwerpunkte . . .

7. Die verminderte Quint ist für den Jazzmusiker ein reizvolles Intervall. Daher die große Bedeutung von Septakkorden (wichtigste Akkordform mit eigenständigem Charakter, häufig ohne dominantische Funktion).

8. Tonarten wechseln im Jazz häufig innerhalb einer Akkordfolge. Manche Wechsel werden nur angedeutet. Keine vielgliedrigen Modulationen.

Und noch ein Punkt, der aber nicht nur für Akkorde gilt:

9. Das ausgeprägte Geschichtsbewußtsein vieler Jazzmusiker hindert sie nicht, Elemente früherer Jazzformen in ihre Musik aufzunehmen, sondern veranlaßt sie im Gegenteil dazu: Geschichte nicht als Museum sondern als Vorratslager.

Hieraus folgt, daß kein Begriff der klassischen Harmonielehre o h n e g e n a u e P r ü f u n g auf den Jazz (oder auf eine andere Musikform) angewendet werden darf. Die klassische Harmonielehre ist keine allgemein gültige Harmonielehre, wie oft angenommen wird. Sie ist eine Speziallehre wie die Harmonielehre des Jazz.

Daß Jazzmusiker auch im Harmonischen in mancher Hinsicht anders hören als europäisch-traditionell geschulte Musiker, ist nur ein Ausdruck der Tatsache, daß das Hören von Musik keineswegs einheitlich ist und zudem einem ständigen Wandel unterliegt. Gerne taucht in solchen Situationen die Frage auf, wer von beiden denn nun „recht habe" mit seiner Art des Hörens. Darauf gibt es nur eine Antwort: in seinem Gebiet hat jeder von beiden recht. Außerhalb ist die Frage mehr oder weniger sinnlos und unbeantwortbar.

Für die Darstellungsweise dieses Heftes sind Anschaulichkeit und schneller Zugang maßgeblich. Stilistischer Ausgangspunkt ist der Be-Bop, zentraler Stil des Jazz seit den 40er Jahren.

Die Vielschichtigkeit des Stoffes macht es notwendig, manche Punkte nach einigen Kapiteln erneut aufzugreifen und nicht alle Aspekte jeder Erscheinung auf einmal zu besprechen. Daher auch immer wieder Querverweise.

Wo es zweckmäßig erscheint, wurden neue Bezeichnungen und Schreibweisen eingeführt, so etwa die Angabe von Baß- und Diskantton links am Akkordsymbol und die sehr praktischen Skalensymbole.

Es geht in diesem Heft primär um das Kennenlernen, Spielen und Erleben von Akkorden als unverzichtbare Voraussetzung für weiteren Umgang mit ihnen. Die Melodiebildung über Akkorde (Skalenmethode) wie auch die Verwendung von Akkorden in Arrangements wird in „Arrangement und Improvisation" besprochen.

1 GRUNDBEGRIFFE

Wir verwenden im Jazz neben der Notenschrift fünf weitere Symbolschriften. Dies hat praktische Gründe: die Symbole dienen der Abkürzung, was Schreiben und Lesen erleichtert, und außerdem wird durch Zusammenfassung auf engerem Raum der Überblick erleichtert.

Abb. 1 enthält eine Übersicht mit Beispielen.

Abb. 1

Symbolschriften	Beispiele		Erklärung
A. Intervallsymbole	4		reine Quart
	$5\flat$	(gesprochen: 5 minus)	verminderte Quint
	$5\sharp$	(gesprochen: 5 plus)	übermäßige Quint
	7_j	(gesprochen: 7 major/engl.)	große Sept
B. Akkordsymbole	C		C-Dur
	$G^{\flat}_{m}$		Ges-Moll
	$F^{\sharp}_{7}$	(gesprochen: Fis sieben)	Fis-Sept
	$B^{\flat}$		B-Dur
	B		H-Dur
	${}^{3}_{5}D$		D-Dur mit Quint im Baß und Terz im Diskant
C. Tonleitersymbole (Skalensymbole)	C^{S}		C-Dur
	$G^{\flat S}_{m\ddot{a}}$	(gesprochen: Ges-S-Moll-äolisch)	Ges-Moll äolisch
	D^{S}_{d}		D-dorisch
	${}^{9}_{2}C^{S}$		C-Dur vom 2.-9. Ton
D. Tonsymbole	c		
	$f^{\sharp}$		
	$a^{\flat}$		
E. Stufensymbole	I		
	V		
	II		

Die von uns angewandte Betrachtungs- und Schreibweise, die sich auf die temperierte Stimmung stützt, entspricht der im Jazz allgemein gebräuchlichen Praxis. Sie soll die Verhältnisse übersichtlicher gestalten und uns schneller zu unserem Ziel führen. Zweckmäßigkeit, nicht Nachlässigkeit oder Bequemlichkeit, ist der Grund so zu verfahren.

Doch gibt es außerdem noch eine Reihe praktischer Gründe, die unsere Art der Darstellung erklären. Karkoschka („Das Schriftbild der Neuen Musik") faßt sie wie folgt zusammen:

„Die enharmonischen Kommata, die unsere Notenschrift mittels der Vorzeichen darstellt, sind nicht nur in atonaler, sondern auch in tonaler Musik überflüssig, und das aus folgenden Gründen:

a) wegen der Schärfung der Leittöne durch Sänger, Streicher und Bläser

b) wegen des starken Einflusses der Lautstärke auf die Intonation

c) wegen unserer unterschiedlichen Größenempfindung der melischen und harmonischen Intervalle, sogar der Oktave

d) wegen der Bevorzugung der pythagoräischen Leiter durch Melodieinstrumente

e) wegen der Änderung der Tonhöhe im Dienst des geistigen Zusammenhangs, des ‚Ausdrucks'."

Noch ein paar allgemeine Bemerkungen über das Klavierspiel. Wichtig ist eine lockere, jedoch nicht schlaffe Grundhaltung der Hände mit fast ausgestreckten Fingern über der Tastatur. Von dort schlagen wir jeden Ton mit Bestimmtheit an. Wir sehen zu, im Laufe der Zeit Beweglichkeit und Präzision zugleich immer mehr zu steigern, nicht etwa nur das eine auf Kosten des anderen. Das Klavier bietet uns dabei den großen Vorteil gegenüber vielen anderen Instrumenten, daß wir immer auch genau sehen können, was wir spielen. Um aber mit dem Klavier wirklich vertraut zu werden, spielen wir alle Übungen zunächst mit Blick auf die Tastatur (Abb. 2a) und dann, wenn wir einen ziemlichen Grad an Geläufigkeit erreicht haben, blind. Wir müssen ferner versuchen, die Spannweite unserer Hände so zu vergrößern, daß wir auch in der Lage sind, große Intervalle (bis zu Dezimen) zu bewältigen. Ein gutes Hilfsmittel ist, die Finger einer Hand zu spreizen und das Handgelenk der anderen Hand, soweit es geht, jeweils zwischen zwei benachbarte Finger zu schieben.

Die Wahl des Fingersatzes (Abb. 2b), mit dem eine Tonfolge gespielt wird, richtet sich danach, wie am besten unnötige Sprünge und ein zu starkes Verbiegen der Finger vermieden werden. Von den Pedalen machen wir im Rahmen dieses Heftes grundsätzlich keinen Gebrauch.

Abb. 2c zeigt den Übergang vom Violin- zum Baßschlüssel.

Zu A.

Die Intervallsymbole entsprechen den Indizes der Akkordsymbole, die ja zusätzliche Töne und damit Intervalle zum Grundton bezeichnen. Die Schreibweise kommt aus dem Amerikanischen und wird heute überall auf der Welt verwendet. Dabei werden Erhöhungen mit ♯ und Erniedrigungen mit ♭ dargestellt. Wir sagen aber „plus" und „minus".

Üb. 1 enthält eine Übersicht über alle Intervalle bis zur Tredezim — soweit reichen die Intervallsymbole —, bezogen auf c. Wir machen uns ihre Lage am Klavier klar. Dann verfahren wir ebenso auch in Bezug auf alle anderen Ausgangstöne, wobei uns die jeweilige Durtonleiter als Bezugssystem dient. Der Vollständigkeit halber haben wir in Üb. 1 die bei den Akkordsymbolen üblicherweise verwendeten Intervallsymbole bis herunter zur Prim ergänzt.

Der Jazzmusiker schreibt vor allem die Intervalle mit Doppel-♭ nicht selten auch in enharmonisch verwechselter Form; ebenso werden auch Noten mit Doppel-♯ oft anders geschrieben. Unter enharmonischer Verwechslung versteht man eine Vertauschung des Bezuges, indem z. B. ein Ton statt als Erhöhung des nächsttieferen in der chromatischen Tonleiter als Erniedrigung des nächsthöheren aufgefaßt wird. Wir verwenden dafür als besonderes Symbol das Zeichen 𝄪.

In Abb. 3 sind die Intervalle (ohne 1 und 8, die in der Praxis so gut wie nie vorkommen) nochmals zusammengefaßt, und es sind dazu auch andere Schreibweisen angegeben, die uns begegnen können. Einheitlichkeit und damit leichteres Lernen und weniger Mißverständnisse wäre hier aber von großem Vorteil! Daher gewöhnen wir uns für die Zukunft nur e i n e Schreibweise für jedes Intervall an. Die von mir vorgeschlagene wurde auf Grund eingehender Vergleiche und Überlegungen gewählt.

In Abb. 4 lernen wir die komplementären und die analogen Intervalle kennen. Die komplementären Intervalle ergänzen ein gegebenes Intervall zur Oktav. Dies erleichtert uns u. a. die Aufgabe, zu einem gegebenen Ton ein bestimmtes Intervall n a c h u n t e n zu finden. Die analogen Intervalle ergeben, um eine Oktav vergrößert, die Intervalle von 9♭-13. Damit lernen wir letztere schneller.

Abb. 6 enthält wichtige Abkürzungsindizes. In Abb. 7 werden englische Bezeichnungen erläutert.

Zu B.

Die Harmoniesymbolschrift bezeichnet das Material, aus dem die Akkorde bestehen, nicht aber die Lage der einzelnen Töne im Akkord. Es gibt viele Möglichkeiten, ein Akkordsymbol auszudeuten; zudem kann ein Akkord in der Praxis mehr oder auch weniger enthalten als das Symbol angibt. Insbesondere kann die reine Quint oft weggelassen werden, denn sie ist ja schon als zweiter Oberton im Grundton mit enthalten (Abb. 10) und trägt außerdem zur Bestimmung der Primärform nichts bei.

Der große Buchstabe gibt immer den Grundton an, die Indizes bezeichnen die Zusatztöne, wobei hier mancherlei Unregelmäßigkeiten bestehen, an die wir uns gewöhnen müssen, weil sie sich eingebürgert haben. Große Terz und reine Quint werden nicht angeschrieben.

Auch bei den Grundtonsymbolen werden Erhöhungen mit ♯, Erniedrigungen mit ♭ bezeichnet. Eine Besonderheit besteht darin, daß im Englischen unser H „B natural" und unser B „B flat" heißt.

Bei Umkehrungen kann der tiefste Ton des Akkordes (Baßton) l i n k s u n t e n am Akkordsymbol und der höchste Ton (Diskantton) l i n k s o b e n angegeben werden, jeweils mit einem Intervallsymbol.

Wenn der Grundton im Baß bleibt, aber die darüberliegenden Töne vertauscht werden, sprechen wir von einer partiellen Umkehrung.

Sehr nützlich ist die Möglichkeit, Akkorde mit Intervallsymbolen zu bezeichnen (links=unten), z. B.:

1	3	5♯	(zu g: G_+)
7	3	5♯	(zu a: $A_{7/5\sharp}$)

Auch Tonfolgen lassen sich so beschreiben, z. B.

5	6	9	(zu C^S:	g	a	d)
1	3♭	4	(zu $B^{\flat S}$:	$b^\flat$	$d^\flat$	$e^\flat$)

Zu C.

Noch selten verwendet, aber sehr praktisch sind Tonleitersymbole (auch Skalensymbole genannt, da man heute statt Tonleiter oft Skala sagt). Ein großer Buchstabe bezeichnet den

Abb. 2

a)

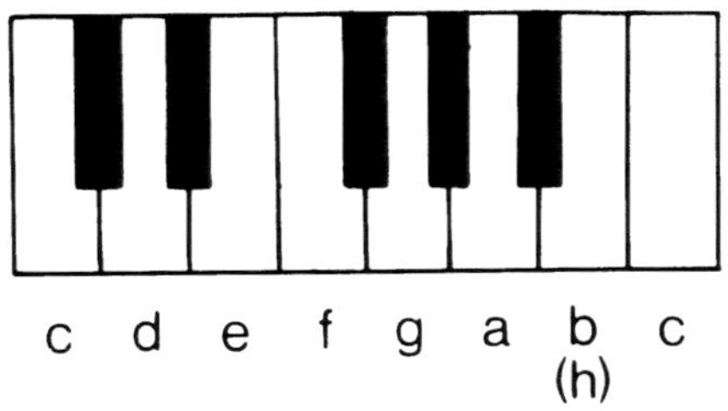

b)
1 = Daumen
2 = Zeigefinger
3 = Mittelfinger
4 = Ringfinger
5 = kleiner Finger

c)

Ton c im Violin- und Baßschlüssel

Üb. 1

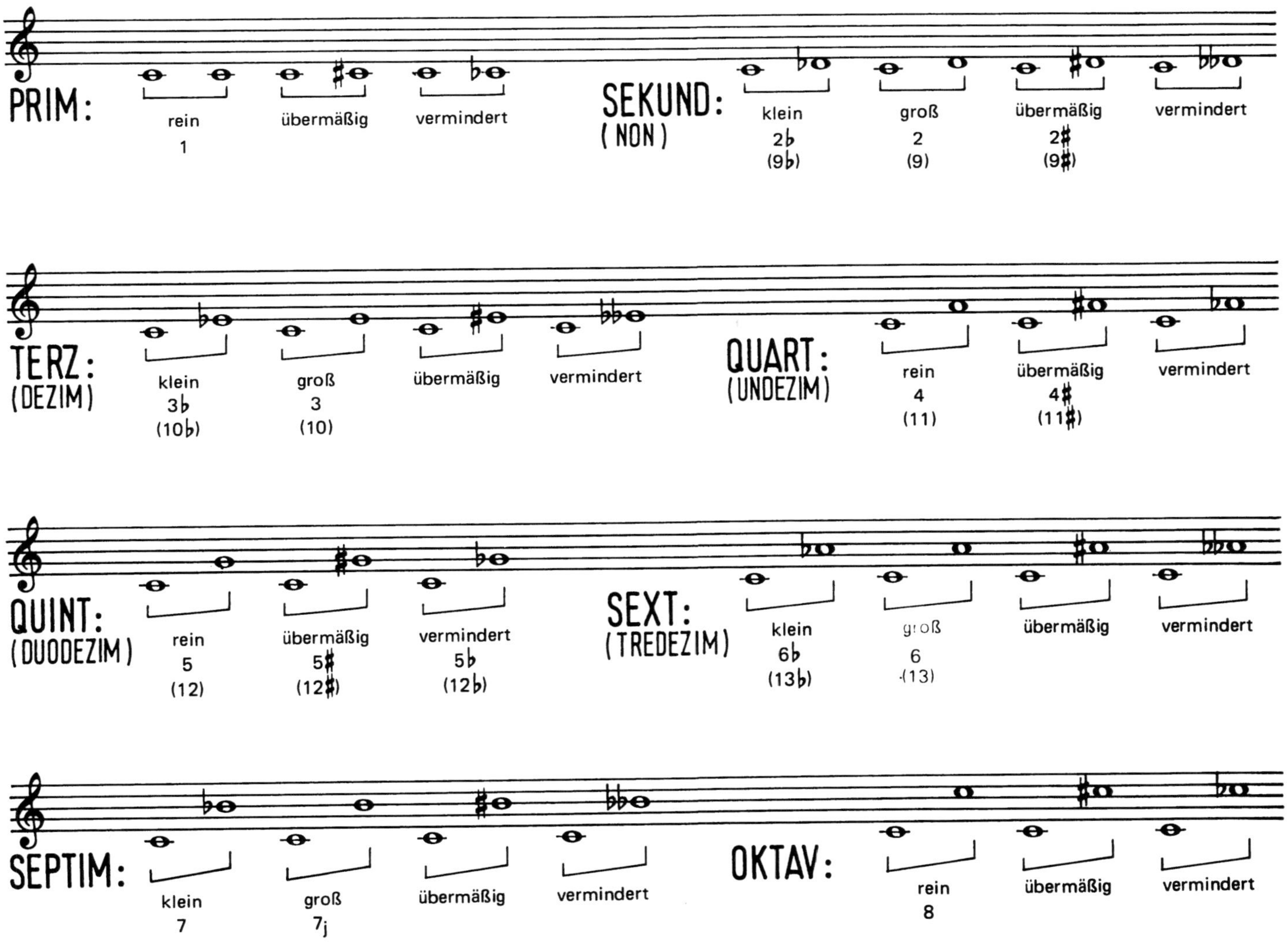

Grundton; mit einem hinzugefügten S rechts oben wird deutlich, daß es sich um ein Skalen- und nicht um ein Akkordsymbol handelt. Mit Indizes lassen sich alle Skalen, auch die speziell im Jazz verwendeten bezeichnen. Das spart viel Platz und Schreibarbeit (siehe hierzu „Arrangement und Improvisation").

Auch bei den Skalensymbolen kann man den tiefsten Ton eines bestimmten Skalenausschnittes l i n k s u n t e n und den höchsten Ton l i n k s o b e n angeben, jeweils mit einem Intervallsymbol.

Man beachte, daß D_d^S nicht gleich ${}_2^9C^S$ ist. Zwar bezeichnen beide Symbole dieselbe Tonfolge, aber die Grundtöne sind verschieden.

Auch bei Skalensymbolen werden Erhöhungen mit ♯, Erniedrigungen mit ♭ bezeichnet.

Zu D.

Um Verwechslungen mit Akkordsymbolen zu vermeiden, schreiben wir Tonsymbole immer klein. Wiederum werden Erhöhungen mit ♯, Erniedrigungen mit ♭ bezeichnet.

Entsprechend müssen wir dann die Schreibweise von Tönen in bestimmten Oktaven gestalten. In der traditionellen europäischen Musik werden dafür ja zum Teil kleine, zum Teil große Buchstaben mit bestimmten Zusatzzeichen verwendet. In Abb. 5 ist die bisherige Methode und dazu unsere neue angegeben.

Abb. 3

Intervall	**Symbol**	**Andere Schreibweisen**
kl. Sekund	2♭	
gr. Sekund	2	
kl. Terz	3♭, m	mi oder –
gr. Terz	3	
reine Quart	4	
	sus (statt der Terz die Quart)	sus 4
verm. Quint	5♭ (gesprochen: 5 minus)	5–
überm. Quint	5♯ (gesprochen: 5 plus)	5+
gr. Sext	6	
kl. Septim	7	mi 7
gr. Septim	7_j (gesprochen: 7 major/englisch)	7+, 7 maj, 7M, M, Δ
kl. Non	9♭	9–
gr. Non	9	
überm. Non	9♯	9+
kl. Dezim	10♭	10–
gr. Dezim	10	
reine Undezim	11	
überm. Undezim	11♯	11+
verm. Duodezim	12♭	12–
überm. Duodezim	12♯	12+
gr. Tredezim	13	
gr. Terz + überm. Quint	+	aug
kl. Terz + verm. Quint + verm. Sept (≙ gr. Sext)	o	o7, dim 7, dim für kl. Terz + verm. Quint allein
kl. Terz + verm. Quint + kl. Sept	ø = m7/5♭	

Abb. 4

komplementäre Int.												analoge Int.										
8	7j	7	6	5♯	5	5♭	4	3	3♭	2	2♭	1	2♭	2	3♭	3	4	5♭	5	5♯	6	
1	2♭	2	3♭	3	4	5♭	5	5♯	6	7	7j	8	9♭	9	10♭	10	11	12♭	12	12♯	13	gegebene
			m			4♯		6♭							9♯			11♯		13♭		Intervalle

Abb. 5

Abb. 6

Abkürzungsindizes	**Bedeutung**
C_j	C_{7j}
C_{j9}	$C_{7j/9}$
$C_{j11\sharp}$	$C_{7j/9/11\sharp}$
C_{m9}	$C_{m7/9}$
C_{m11}	$C_{m7/9/11}$
$C_{\varnothing 9}$	$C_{m7/5\flat/9}$
C_9	$C_{7/9}$
C_{11}	$C_{7/9/11}$
C_{13}	$C_{7/9/11/13}$
$C_{9\flat}$	$C_{7/9\flat}$
$C_{9\sharp}$	$C_{7/9\sharp}$
$C_{10\flat}$	$C_{7/10\flat}$
$C_{11\sharp}$	$C_{7/9/11\sharp}$
C_{sus}	$C_{7/sus}$
C⑨ (andere Abkürzung $C_{add\ 9}$)	c-e-g-d
C⑨♭	c-e-g-$d^{\flat}$

usw.

Abb. 7

sharp = ♯

flat = ♭

raised = erhöht

lowered = erniedrigt

major = groß (auch Dur) perfect = rein

minor = klein (auch Moll)

augmented = übermäßig

diminished oder flatted = vermindert

Beispiele:

flatted fifth = verminderte Quint
perfect fifth = reine Quint
major third = große Terz
F sharp major = F♯ – Dur
A flat diminished = A♭ vermindert

Zu E.

Stufensymbole werden zur Beschreibung von Basisfunktionen verwendet (siehe S. 18). Üb. 2 enthält für alle Durtonleitern die leitereigenen Akkorde (Skalenakkorde), Üb. 3 für alle Molltonleitern. Wegen der verschiedenen Molltonleitern gibt es hier mehrere Möglichkeiten. Wir haben diejenigen notiert (ausgehend von der äolischen Molltonleiter), die am häufigsten vorkommen.

Skalenakkorde entstehen, wenn wir auf jeden Ton der Tonleiter den übernächsten darüberlegen, dann wieder den übernächsten und so fort. In der einfachsten Form sind die Skalenakkorde im Jazz vierstimmig.

Die Kenntnis aller vierstimmigen Skalenakkorde ist für das Verständnis harmonischer Zusammenhänge wie auch für die Skalenmethode der Improvisation (siehe S.37) unentbehrlich.

A k k o r d e entstehen durch Aufeinanderschichten von Tönen (Intervallen). Die einfachsten Akkorde bestehen aus drei Tönen. Doch können auch schon zwei gleichzeitig erklingende Töne Akkordcharakter haben (Üb. 4).

Wichtige Merkmale eines Akkordes:

a Aufbau

Jeder Akkord, auch wenn er nur wenige Töne enthält, weist drei Komponenten mit besonderem Charakter auf: einen tiefsten Ton, den wir B a ß t o n nennen wollen, einen höchsten Ton, den wir als D i s k a n t t o n bezeichnen, und einen G r u n d t o n, auf den sich der Akkord bezieht, der seine eigentliche Basis bildet und daher auch bei der Namengebung eine maßgebliche Rolle spielt. Der Grundton kann zugleich Baßton sein, er kann aber auch weiter oben im Akkord stehen oder überhaupt nicht im Akkord enthalten, aber trotzdem innerlich hörbar sein (Üb. 5). Es gibt auch Akkorde, die sich zugleich auf mehrere Grundtöne beziehen (siehe S. 81).

Ferner hat jeder Akkordton zwei Eigenschaften, nämlich einmal die eines bestimmten Bezugs zum Grundton und zum anderen die eines bestimmten Beitrages zur Klangfarbe des Akkordes. Meist überwiegt eine der beiden Eigenschaften, so daß wir die Töne eines Akkordes in zwei entsprechende Gruppen einteilen können (Tonfunktionen):

1. **Basistöne** Sie bestimmen vor allem die Zugehörigkeit des Akkordes zu einem bestimmten Grundton und zu einer bestimmten Primärform. Meist enthält ein Akkord zwei Basistöne.

   Basistöne der fünf Primärformen (vgl. S. 20):

   Dur 1, 3, 5
   Moll 1, 3♭, 5
   Sept 1, 3, 5, 7
   verm. 1, 3♭, 5♭, 7♭ (6)
   überm. 1, 3, 5♯

2. **Farbtöne** Sie bestimmen vor allem die Klangfarbe eines Akkordes. Klangfarbe kann es geben durch Tonbildung (Obertonspektrum, Zusätze) und durch Farbtöne. Im allgemeinen enthält ein Akkord mindestens einen Farbton. Beim einfachen Septakkord bringt der Tritonus Farbe.

Auch die Basistöne haben Farbcharakter (am wenigsten die Quint), und auch die Farbtöne beeinflussen die Basis. Auch das Oktavieren von Tönen ebenso wie das Weglassen von Tönen verändert den Klang eines Akkordes.

Die Basistöne sitzen in einem Akkord meist mehr im unteren, die Farbtöne im oberen Teil. Wir betrachten Akkorde immer von unten nach oben („von der Basis zur Farbe"). Wollen wir einen Akkord erweitern, d. h. die Zahl seiner Töne vergrößern, so geschieht dies am einfachsten, indem wir einen Ton – insbesondere einen Farbton – oben hinzufügen. Damit verändern wir die Farbe, aber nicht die Basis, was in der Regel auch mit der Erweiterung nicht bezweckt werden soll.

Die Intervalle im unteren Teil eines Akkordes sind häufig größer als im oberen, und dies umso mehr, je tiefer die unteren Töne im Baßregister liegen. Ganz unten findet man meist nur noch reine Quarten und Quinten sowie Oktaven, ferner kleine und große Dezimen.

Man unterscheidet beim Aufbau von Akkorden allgemein zwischen enger, weiter und gemischter Lage. Bei der engen Lage liegen alle Akkordtöne so dicht beieinander, daß keiner mehr durch Oktavtransposition dazwischengeschoben werden kann. Bei der weiten Lage liegen die Akkordtöne so weit auseinander, daß jeweils zwischen zwei Tönen sich noch ein weiterer durch Oktavtransposition einbauen läßt. Die gemischte Lage ergibt sich aus einer Kombination beider Möglichkeiten.

Im hohen wie im tiefen Bereich sollten enge Lagen vermieden werden, jedenfalls am Klavier. Sie klingen oben zu spitz und unten zu verschwommen.

b Funktion

Basis und Farbe eines Akkordes bestimmen seine Funktion (Gewicht). Diese erfährt durch den Einbau des Akkordes in eine Akkordfolge Veränderungen. Ein Teil der Funktion, die Basisfunktion (siehe unten) wird durch das Stufensymbol angegeben. Abb. 8 zeigt, welche Stufen ein C_{m7} in einer auf eine bestimmte Tonart bezogenen Akkordfolge einnehmen kann.

Akkordfolgen entstehen durch Aneinanderreihung von Akkorden. Dadurch bildet sich ein harmonisches Gefälle mit einem oder mehreren Schwerpunkten. Diese stellen I. Stufen dar. Jede I. Stufe heißt Zentralakkord (tonales Zentrum), ihr Grundton Zentralton. In einer Akkordfolge kann es mehrere I. Stufen geben (Haupt- und Nebenzentralakkorde/tonale Haupt- und Nebenzentren).

Üb. 2 **Skalenakkorde** Dur

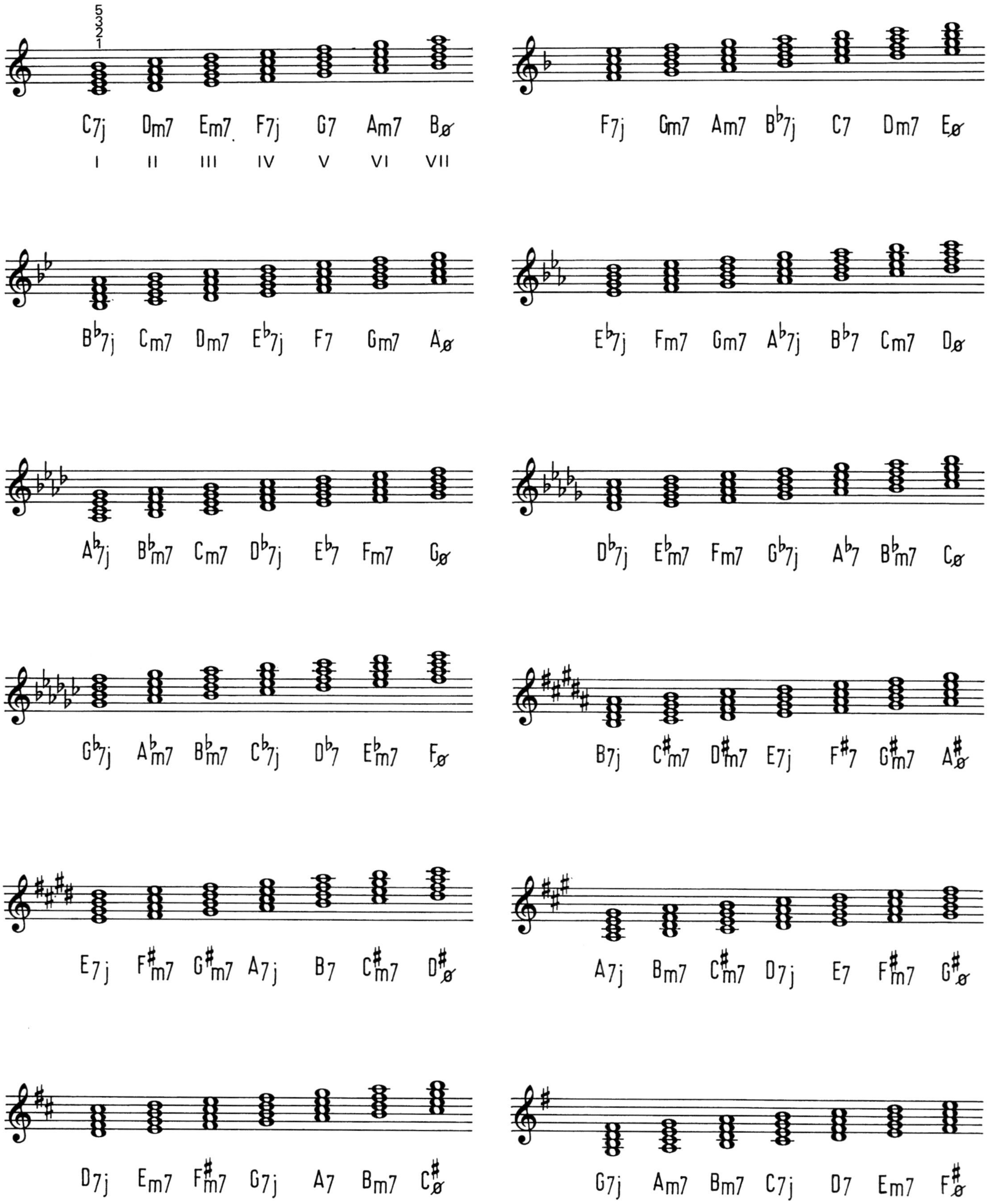

Üb. 3 Skalenakkorde Moll

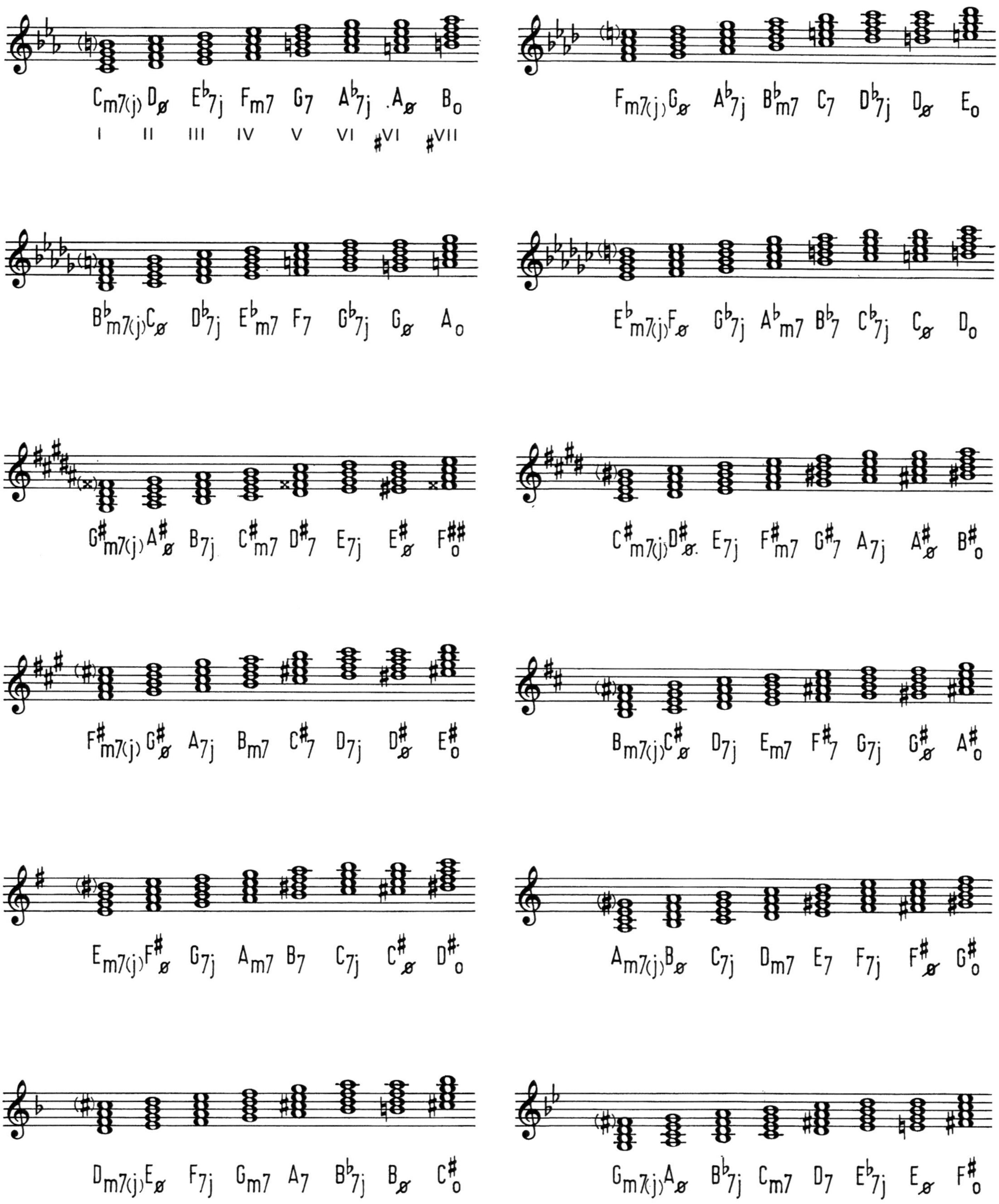

Jede I. Stufe bestimmt eine Tonart. Im Minimum genügt ein Akkord, um eine Tonart festzulegen.

Jeder Akkord hat zwei Funktionen (Akkordfunktionen). Seine Basisfunktion ist gegeben durch seine Basis (Grundton, Primärform) und durch deren Verhältnis zur Basis der anderen Akkorde, die zum selben Tonartbereich (key area, siehe S. 33) gehören, seine Farbfunktion ist gegeben durch seine Farbe sowie durch deren Verhältnis zu den Farben der Nachbarakkorde.

Üb. 6 zeigt die Tritonusverwandtschaft zweier Septakkorde durch Umdeutung (e - b^{b} = verm. Quint, b^{b} - e = überm. Quart; die Wirkung im Septakkord ist dieselbe, es ist daher im Jazz in beiden Fällen üblich, von einem Tritonus zu sprechen). Wenn wir beim dreistimmigen C_7 statt C als neuen Grundton G^{b} spielen, erhalten wir G^{b}_{7}. Was vorher Terz war, ist jetzt Sept und umgekehrt. Dieser Zusammenhang, der in der Jazzharmonik eine große Rolle spielt, wird uns später noch oft beschäftigen.

Ein unentbehrlicher Wegweiser für harmonische Zusammenhänge ist der Quintenzirkel (Abb. 9). Wir erhalten ihn, wenn wir von einem beliebigen Ton ausgehend, in reinen Quinten nach oben gehen und die auf diese Weise erhaltene Tonfolge auf einem Kreis im Uhrzeigersinn auftragen (wobei wir uns nach der Hälfte des Weges die Möglichkeit enharmonischer Umdeutung zunutze machen — andernfalls bekämen wir keinen Kreis, sondern eine Spirale).

Wie Abb. 9 zeigt, stellt der Quintenzirkel zugleich auch eine Ordnung der Grundtöne der Dur- und äolischen Molltonleitern nach steigender Zahl der Vorzeichen dar; der innere Kreis von Buchstaben steht für Moll, der äußere für Dur.

Zusätzlich können wir die Skalenakkorde einer Durtonart in Stufenform ganz außen anschreiben (in Abb. 9 für C-Dur). Die Verteilung bleibt für alle Durtonarten dieselbe (dies wäre durch einen beweglichen Schieber darstellbar). Die Ordnung der Skalenakkorde im Quintenzirkel spielt eine große Rolle; wir müssen sie uns daher für alle Tonarten gut einprägen. Der Pfeil im Gegenzeigersinn verdeutlicht eine Richtungstendenz.

Wenn wir auf irgendeinem Instrument einen Ton spielen, so treten dabei gleichzeitig weitere Töne mit höherer Schwingungszahl (Obertöne) in Erscheinung, die — unabhängig von der Schwingungszahl des tiefsten Tones — zueinander stets bestimmte, gleichbleibende Intervalle aufweisen. Diese Obertonreihe ist in Abb. 10 über c bis zum 7. Oberton (= 8. Teilton) aufgeschrieben, der — wie auch der 1. und 3. Oberton — ebenfalls ein c ist. Ein Ton der Reihe, der 6. Oberton, paßt nicht in unser Tonsystem; er ist etwas zu tief, was wir durch das Zeichen ↓ angedeutet haben.

Man beachte den ab dem 4. Oberton in unserer Notierung verwendeten versetzten Violinschlüssel (auch schon in Abb. 5 zu sehen). Mit Hilfe versetzter Schlüssel lassen sich Hilfslinien sparen oder ganz vermeiden.

Wir spielen also auf unseren Instrumenten eigentlich keine Töne, sondern Klänge, die sich voneinander durch den Grundton (nicht mit dem Begriff des Grundtons eines Akkordes zu verwechseln), durch die Lautstärke der einzelnen Obertöne und durch den ziemlich komplexen sogenannten „Einschwingvorgang" unterscheiden. Im allgemeinen nimmt die Lautstärke der Obertöne nach oben hin immer mehr ab. Die Berücksichtigung der Obertonreihe gehört zu den Feinheiten des Aufbaues von Akkorden und Akkordfortschreitungen — mit ihrer Hilfe kann man ebenso notwendige Auslassungen von Tönen kompensieren wie ein Akkordgefüge „dichter" machen.

Üb. 4

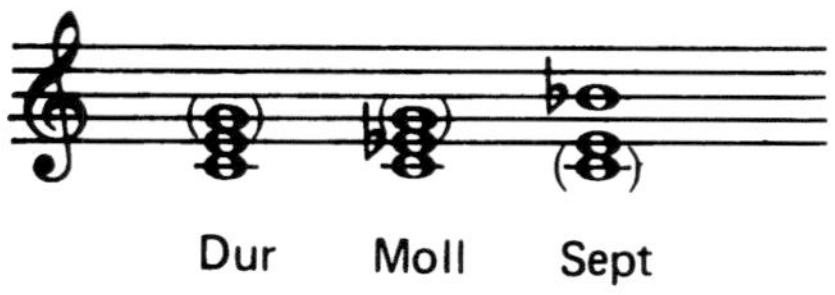

Üb. 5

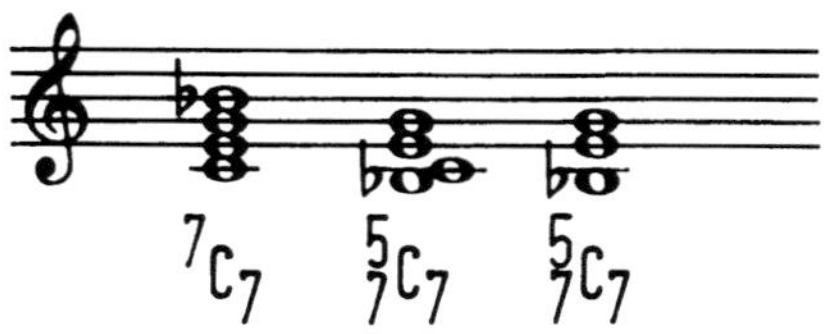

Üb. 6

Abb. 8

C_{m7} kann sein II zu B♭ – Dur

III zu A♭ – Dur

VI zu E♭ – Dur

I zu C – Moll

IV zu G – Moll

Abb. 9

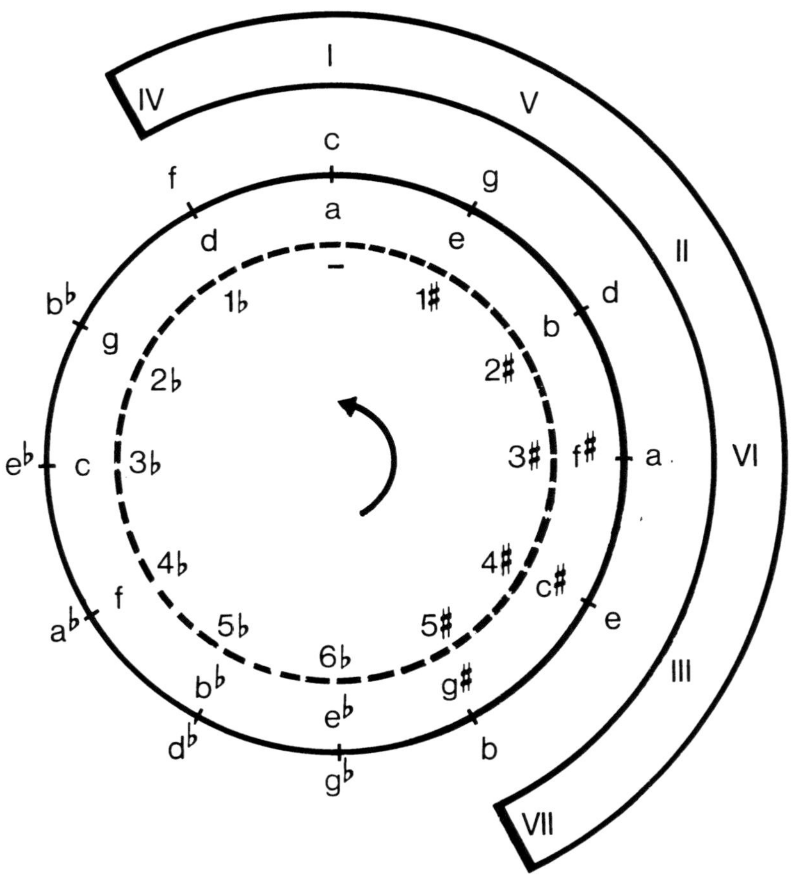

Abb. 10

2 EINTEILUNG DER AKKORDE

Die im Jazz verwendeten Akkorde lassen sich in fünf Primärformen einteilen. Dur-, Moll- und Septakkorde sind die drei Hauptformen. Septakkorde sind im Jazz die häufigste und wichtigste Akkordform. Sie haben eigenständigen Charakter; wir betrachten sie somit nicht als Durakkorde. Vielfach kommen sie im Blues und im vom Blues beeinflußten Stücken vor und müßten dann eigentlich Bluesakkorde heißen. Sie können in diesem Fall auch auf der I. Stufe stehen. Im Grunde haben wir im Jazz drei Tongeschlechter: Dur, Moll und Blues (Sept).

Der übermäßige Akkord besteht aus übereinandergeschichteten großen Terzen; entsprechend ist der verminderte Akkord aus lauter kleinen Terzen aufgebaut. Wir zählen also die verminderte Sept ≙ große Sext mit dazu. Den verminderten Akkord mit kleiner Sept bezeichnen wir als halbverminderten Akkord (Zeichen ø). Er entspricht einem Mollakkord mit kleiner Sept und verminderter Quint.

Mit C_6 und C_{m6} beschäftigen wir uns nicht weiter, da beide Akkorde für die Stile vor dem Be Bop typisch waren. Sie kommen aber in Bläsersätzen auch später noch vor (siehe „Arrangement und Improvisation").

Zu jedem Grundton gibt es bei jeder Primärform (vor allem bei Dur, Moll und Sept) zahlreiche Varianten durch hinzugefügte Farbtöne. Akkorde ohne Farbtöne werden – jedenfalls bei Dur und Moll – nur dann verwendet, wenn die einzelnen Töne den Klangvorstellungen des Musikers entsprechen. Das bedeutet, daß der einfache Durdreiklang c-e-g vorkommen kann, wenn er beispielsweise von drei jazzmäßig intonierenden Bläsern gespielt wird, aber nicht am Klavier, wo eine jazzmäßige Intonation einzelner Töne schwer möglich ist.

Eine bestimmte Form eines Akkordes, also eine bestimmte Kombination von Basis- und Farbtönen in bestimmter Lage, um einen bestimmten Klang zu erreichen, nennen wir voicing. Jede Primärform kennt Hunderte von voicings.

Abb. 11 enthält für den Grundton c einige häufig vorkommende Akkorde in jeder Primärform. Beim verminderten und übermäßigen Akkord sind die am häufigsten vorkommenden Zusatztöne angegeben. Üb. 7 zeigt, daß die Überlagerung der beiden verminderten bzw. übermäßigen Akkorde zu zwei Polychorden führt (siehe S. 83), die alle Töne von C^S_{o2} bzw. C^S_+ enthalten. Im übrigen kommen verminderte und übermäßige Akkorde im frühen Jazz häufiger vor als später. Die Praxis der Zusatztöne beraubt sie ihrer Eigenständigkeit; die Pfeile in Abb. 11 verdeutlichen dies.

Wir haben die Zusatztöne beim Durakkord in zwei Gruppen eingeteilt. Es gibt Zusatztöne, die aus der zugehörigen Durtonleiter stammen (CT_S = color tones aus der Skala) und solche, die nicht aus dieser Skala stammen (CT_N). Damit kommen wir zu zwei verschiedenen Klangspektren (BT = Basiston). Diese Methode ließe sich auch bei den anderen Primärformen anwenden.

Führen wir die einzelnen Spalten weiter, so kommen wir schließlich in jeder Spalte zu Gebilden, die sich nicht mehr eindeutig auf eine Primärform oder/und einen Grundton beziehen lassen. Dann arbeiten wir meist besser mit Noten.

Wir trennen bei der Beschreibung von Akkorden zwischen Aufbau und Funktion, sprechen also hier von Sept- und nicht von Dominantseptakkorden. Wenn ein Septakkord dominantische Funktion hat, können wir ihn als Dominantseptakkord bezeichnen; ich halte es aber für besser, dann von einem Septakkord auf der V. Stufe zu sprechen. Ebenso lassen wir auch die Bezeichnung Tonika und Subdominante weg und sprechen von I. und IV. Stufe. Damit ist nichts gegen diese Bezeichnungen in der klassischen Musiktheorie gesagt.

Wir betrachten Farbtöne als Zusatztöne (additives Prinzip). Damit wird der Ausdruck „Alteration" im Jazz fragwürdig. Eine zu einem Septakkord hinzugefügte verm. Quint ist

Abb. 11

Primärformen

C^S_{CH}

	C^S	$C^S_{mä}$	C^S_{BL} / C^S_7	C^S_{o2}	C^S_+
	Dur	**Moll**	**Sept**	**vermindert**	**übermäßig**
BT	C	C_m	C_7	C_o	C_+
CT_S	C_6	C_{m6}	$C_{7/9}$	vor allem die Töne von B_o	vor allem die Töne von B_+
	$C_{6/9}$	$C_{m6/9}$	$C_{7/5\sharp}$		
	C_{7j}	C_{m7}	$C_{7/5\flat}$		
	.	C_{m7j}	$C_{7/13}$		
	.	.	.		
	.	.	.		
CT_N	$C_{7j/5\sharp}$	.	.		
	.				
	.				
	.				

Abb. 12

BT	1, 3, 5	1, 3♭, 5	1, 3, 5, 7	1, 3♭, 5♭, 6	1, 3, 5♯
CT_S	6, 7j, 9, 13	4, (6♭), 6, 7, 7_j, 9, 11, (13♭), 13	sus 4, 9, 11, 13	7_j, 9, 11, 13♭	7, 9, 11♯
CT_N	4♯, 5♯, 11♯, 12♯	5♭, 12♭	5♭, 5♯, 9♭, 9♯, 12♭, 12♯		
ungewöhnlich	4, 7, 9♭, 9♯, 11	9♭, 10	7_j		

Abb. 13

Akkorde mit Terz und Sept

	7	7_j
3♭	Moll	Moll
3	Sept	Dur

Abb. 14

Molltonleitern

	7	7_j
6♭	äol.	harm.
6	dor.	mel. (↑)

Üb. 7

$\frac{B_o}{C_o} \triangleq C^S_{o2}$ $\frac{B^\flat_+}{C_+} \triangleq C^S_+$

Üb. 8

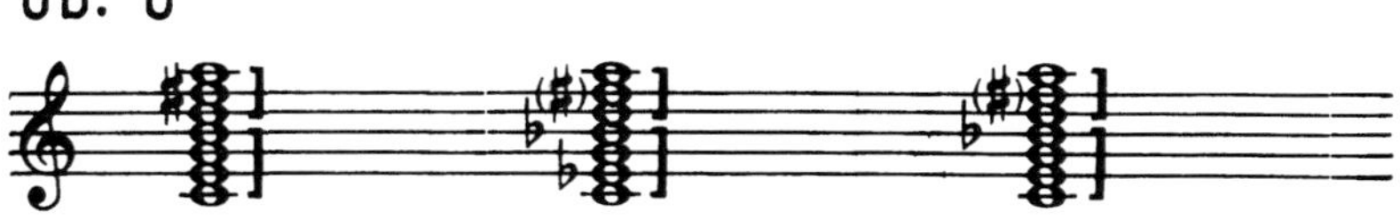

$C_{j11\sharp/13} \triangleq \frac{D}{C_{7j}}$ $C_{m13/(11\sharp)} \triangleq \frac{D(m)}{C_{m7}}$ $C_{13/(11\sharp)} \triangleq \frac{D(m)}{C_7}$

keine alterierte Quint. Zwar wird die Quint dann häufig nicht gespielt, um eine Halbtonreibung zu vermeiden. Aber der Akkord kann in weiter Lage auch so gespielt werden, daß er unten die Quint und oben die verm. Quint enthält.

Abb. 12 enthält eine Übersicht über gebräuchliche und ungewöhnliche Farbtöne. Wir sehen, daß die Möglichkeiten, mit Farbtönen zu arbeiten, beim Septakkord größer sind als beim Mollakkord und dort wiederum größer als beim Durakkord. Dies hat Konsequenzen für die Improvisation. Wir können uns sozusagen bei Septakkorden am meisten erlauben, wenn wir zu ihnen eine improvisierte Melodie spielen, und müssen bei Durakkorden am meisten aufpassen.

In amerikanischen Jazz-Harmoniebüchern findet man mitunter eine andere Einteilung der Primärformen als wir sie vorgenommen haben. Der Moll-7-Akkord wird dort als selbständige Akkordform gewertet, ebenso der halbverminderte Akkord, während andererseits der übermäßige Akkord als Nebenform des Durakkordes betrachtet wird. Doch erscheint diese Einteilung unzweckmäßig. Der Moll-7-Akkord nimmt wohl im Jazz innerhalb der Mollakkorde eine zentrale Stellung ein, aber er bleibt trotzdem ein Mollakkord. Der halbverminderte Akkord trägt je nach der Umgebung, in der er auftritt, den Charakter eines verminderten Akkordes, oder — zumeist — den eines Mollakkordes. Der übermäßige Akkord schließlich drängt gegenüber dem Durakkord deutlich stärker zur Weiterführung, was seine Selbständigkeit beweist.

Die kleine Sept ist im Moll-7-Akkord ein Farbton, im Septakkord ein Basiston. C_{7j}, C_{m7} und C_7 unterscheiden sich durch verschiedene Kombinationen von Terzen und Septen. Abb. 13 zeigt die vier Möglichkeiten.

Seit dem Be Bop ist der Durakkord mit großer Sept der wichtigste Durakkord, der Mollakkord mit kleiner Sept der wichtigste Mollakkord.

Es ist heute üblich, bei einem Durakkord oft nur das Grundtonsymbol zu schreiben. Wir werden uns dieser Praxis anschließen. C bedeutet also stets C_{7j}. Ebenso verfährt man, wenn ein Mollakkord I oder IV ist. C_m bedeutet dann C_{m7} (oder C_{m7j}). Auch in anderen Fällen wird des öfteren nur die Primärform angegeben.

Über den fünf Primärformen in Abb. 11 sind Skalen notiert, die zu der jeweiligen Akkordgruppe gut passen, jedenfalls solange die Akkorde nicht zuviele Farbtöne enthalten. Es sind insgesamt 84 Tonleitern, wenn wir alle 12 möglichen Grundtöne berücksichtigen. Wenn wir aber die materialgleichen Skalen zusammennehmen, sind es nur 30. Dies ist für alle Instrumente das Grundmaterial an Skalen, das wir möglichst bald beherrschen sollten.

Bei Mollakkorden nehmen wir das äolische Moll, was uns die Arbeit erleichtert, da jede äolische Molltonleiter mit der parallelen Durtonleiter materialgleich ist (z. B. $C^{S}_{mä}$ mit $E^{\flat S}$). Die verschiedenen Molltonleitern unterscheiden sich durch verschiedene Kombinationen von Sexten und Septen. Die vier möglichen Fälle finden wir in Abb. 14. Interessant ist, daß sich auch die dorische Skala als Molltonleiter entpuppt.

Bei Septakkorden nehmen wir eine Septtonleiter. Sie entspricht der mixolydischen Skala, der Ausdruck Septtonleiter ist aber eindeutiger.

Für Septakkorde als Bluesakkorde verwenden wir eine Bluestonleiter. Sie ist so etwas wie ein durch das Studium vieler Bluesstücke gewonnenes Konzentrat.

Bei verminderten Akkorden nehmen wir eine Tonleiter, die aus einer regelmäßigen Folge von Ganz- und Halbtonschritten besteht (oder anders ausgedrückt aus zwei ineinander geschachtelten verminderten Akkorden). Dafür gibt es zwei Möglichkeiten. Die Skala, die mit dem Ganztonschritt beginnt, nennen wir o2 (gesprochen: Null zwei) und verwenden sie für verminderte Akkorde. Die zweite Skala, die mit dem Halbtonschritt beginnt, nennen wir o2♭ (gesprochen: Null zwei minus). Sie spielt bei der Improvisation über Septakkorde eine Rolle (siehe „Arrangement und Improvisation").

Bei übermäßigen Akkorden nehmen wir eine Ganztonleiter. Sie besteht aus einer regelmäßigen Folge von Ganztonschritten.

Die chromatische Tonleiter schließlich paßt im Prinzip zu allen Akkorden.

Die Skalen Dur, Moll äolisch und Sept bestehen aus 7 Tönen, die Skalen Blues und o2 aus 8 Tönen, die Ganztonleiter aus 6 und die chromatische Tonleiter aus 12 Tönen.

Die Anwendung dieses Skalenmaterials wird in „Arrangement und Improvisation" besprochen. Dort wird dieses Material dann auch noch wesentlich erweitert.

Wir haben damit aber die Skalenmethode der Improvisation noch nicht vollständig beschrieben. Ein weiterer wesentlicher Gedanke ist der, daß wir nicht zu jedem Akkord eine eigene Skala nehmen, sondern zu jeder key area (siehe S. 33).

Üb. 8 zeigt, wie sich aus Terzschichtungen Akkorde aufbauen lassen. Doch dürfen wir dem nicht allzuviel Bedeutung beimessen. Den Terzaufbau als Bezugsraster für die Erklärung aller Akkorde zu verwenden, ist wenig sinnvoll. Wir entfernen uns dadurch zu sehr vom additiven Prinzip der Tonschichtung.

Üb. 9 enthält eng vierstimmig alle 7j-, m7- und 7-Akkorde sowie alle o- und +-Akkorde ohne Farbtöne. Üb. 10 enthält alle Dur-, äolischen Moll-, Sept- und Bluestonleitern, Üb. 11 einen Teil der chromatischen, o2- und +-Tonleitern, aus denen sich die übrigen ohne weiteres ableiten lassen.

In Zukunft werden wir an jeden Akkord, der uns in akustischer oder in irgendeiner schriftlichen Form begegnet, drei Fragen stellen:

1. Grundton?
2. Primärform?
3. Basis- und Farbtöne?

Falls er uns in akustischer Form begegnet, werden wir danach das entsprechende Akkordsymbol notieren oder/und ihn in Noten aufschreiben. Falls er uns in Form eines Akkordsymbols begegnet, müssen wir entscheiden, wie er klingen soll.

Üb. 9

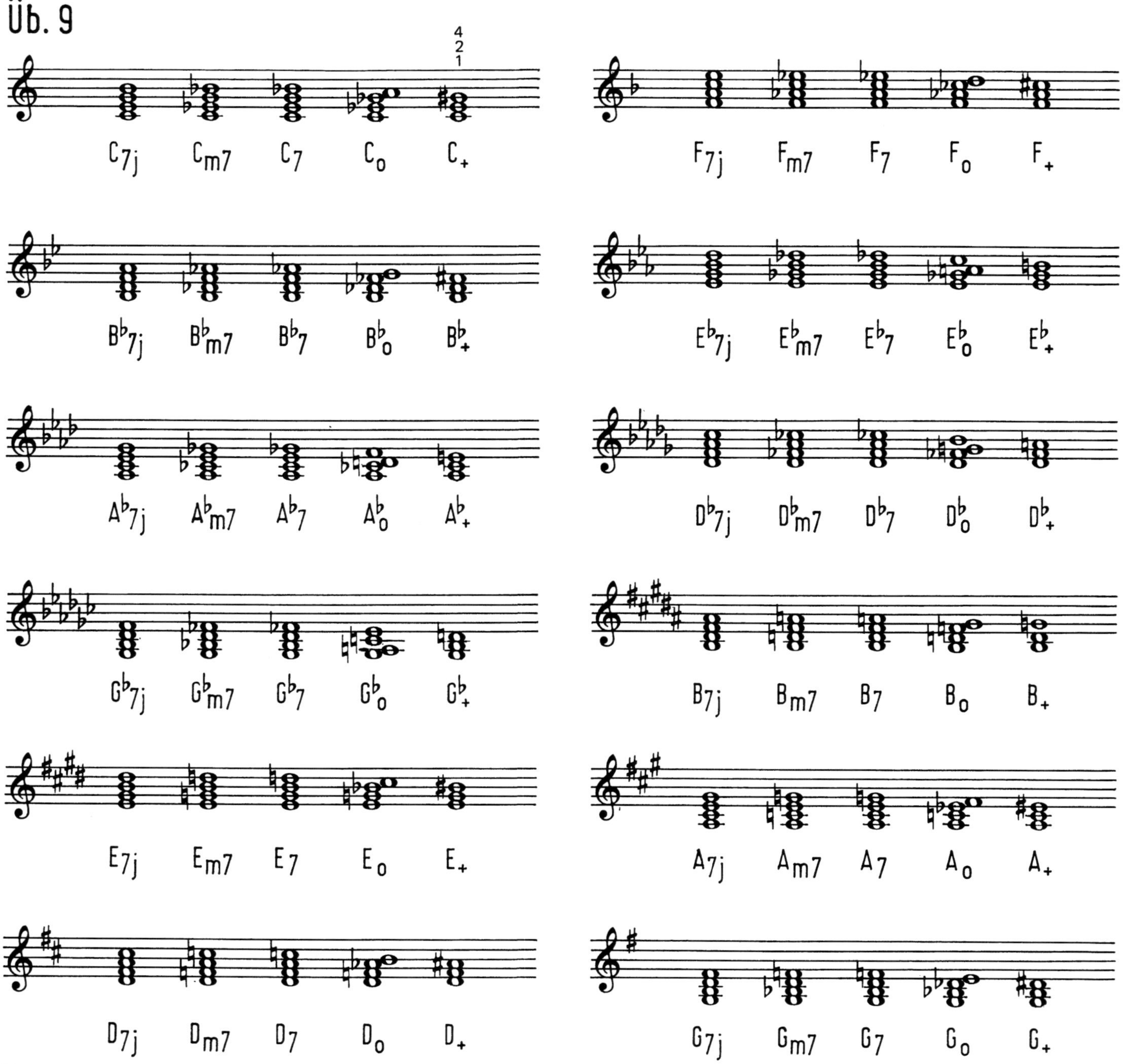
4
2
1
C7j Cm7 C7 Co C+
F7j Fm7 F7 Fo F+
B♭7j B♭m7 B♭7 B♭o B♭+
E♭7j E♭m7 E♭7 E♭o E♭+
A♭7j A♭m7 A♭7 A♭o A♭+
D♭7j D♭m7 D♭7 D♭o D♭+
G♭7j G♭m7 G♭7 G♭o G♭+
B7j Bm7 B7 Bo B+
E7j Em7 E7 Eo E+
A7j Am7 A7 Ao A+
D7j Dm7 D7 Do D+
G7j Gm7 G7 Go G+

Üb.10

C^S C^S mä C^S 7 C^S BL
F^S F^S mä F^S 7 F^S BL
B♭^S B♭^S mä B♭^S 7 B♭^S BL

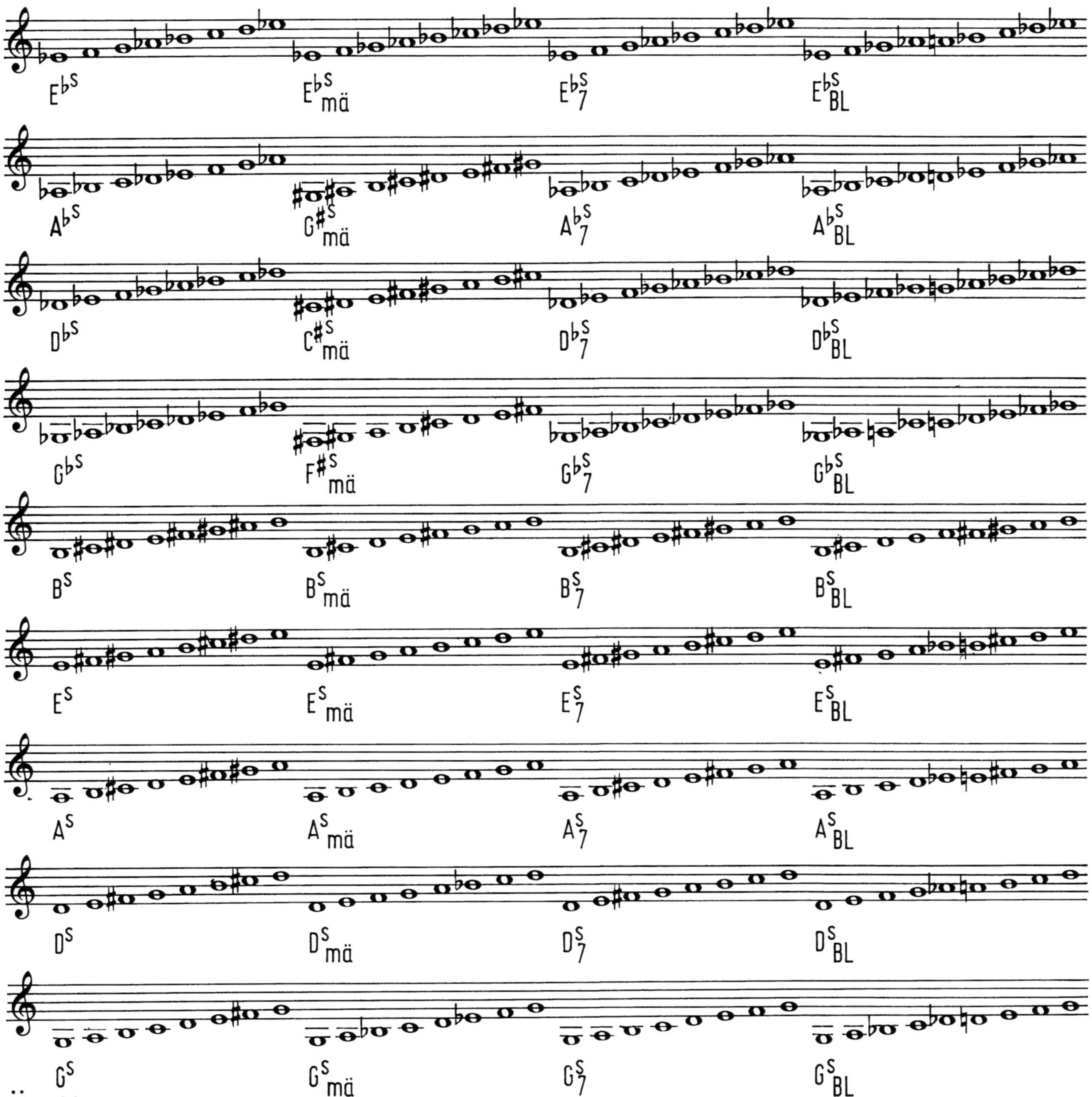
E♭S
E♭S mä
E♭S 7
E♭S BL
A♭S
G♯S mä
A♭S 7
A♭S BL
D♭S
C♯S mä
D♭S 7
D♭S BL
G♭S
F♯S mä
G♭S 7
G♭S BL
BS
BS mä
BS 7
BS BL
ES
ES mä
ES 7
ES BL
AS
AS mä
AS 7
AS BL
DS
DS mä
DS 7
DS BL
GS
GS mä
GS 7
GS BL

Üb. 11

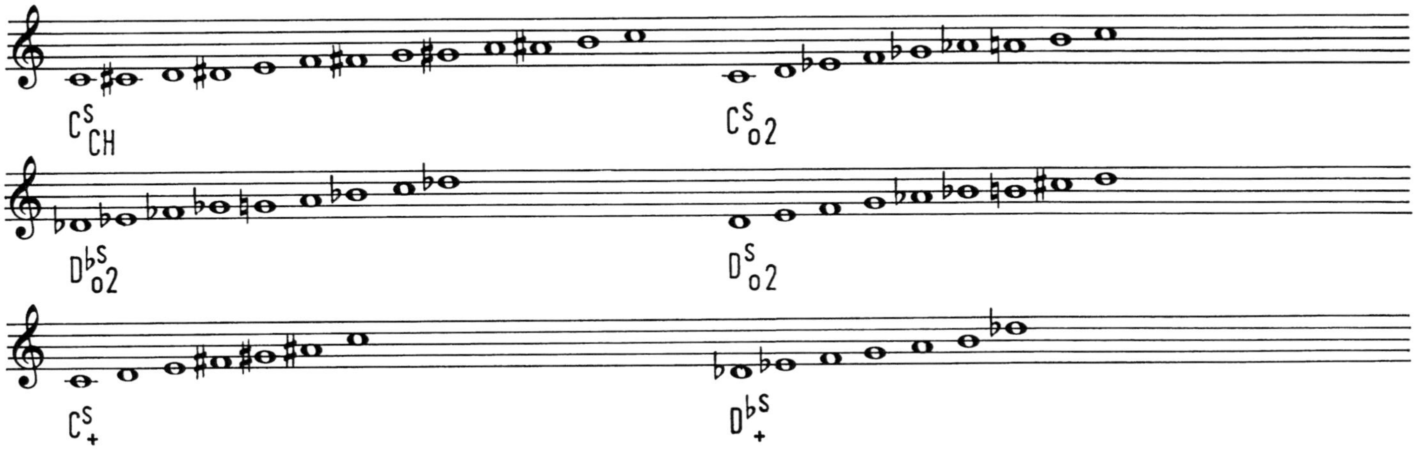
CS CH
CS o2
D♭S o2
DS o2
CS +
D♭S +

3 AKKORDMATERIAL 1

Nachfolgend eine Zusammenstellung von Möglichkeiten des Aufbaus von Akkorden (Dur-, Moll- und Septakkorde). Ein besonderer Fall ist das Weglassen des Grundtons; dies wird uns später noch beschäftigen.

a Einfachste Form — Grundton, Terz und Sept

b Fragmentarische Form: — Grundton und Terz
Grundton und Quint
Grundton und Sept
Terz und Sept (bei Septakkorden)

c Erweiterte Form: — ein Zusatzton:

1. über Terz und Sept
2. zwischen Terz und Sept
3. unter Terz und Sept, aber über dem Grundton

mehrere Zusatztöne

d Weitere Möglichkeit: — Quart statt Terz

Bei den Zusatztönen können wir zwischen CT_S und CT_N unterscheiden, ferner zwischen den Fällen, in denen kein Intervall des Akkordes kleiner ist als eine große Sekund und zwischen Fällen, bei denen kleine Sekunden auftreten.

Wir beschäftigen uns zunächst mit Akkorden der Gruppe a. Sie sind am leichtesten zu merken und zu spielen, sind aber dabei doch eindeutig und trotz der wenigen Töne farbig. Üb. 12 zeigt die Umwandlung der „klassischen" Akkorde in unsere Akkorde. Wir nennen sie Akkorde des Typus 1-2 (ein Ton in der linken Hand, zwei Töne in der rechten Hand).

Mit diesem Akkordmaterial — bezogen auf alle Grundtöne ergeben sich 3 mal 12 = 36 Akkorde — können wir bereits viele wesentliche Akkordfolgen des Jazz im Prinzip spielen und studieren.

Am besten gehen wir nun so vor, daß wir zunächst Ketten von Akkorden untersuchen, die gleichartig aufgebaut sind und in sich zurücklaufen (eine Oktave tiefer oder höher wird der Ausgangsakkord wieder erreicht). Aus ihnen lösen wir dann kurze, in sich geschlossene Akkordfolgen (Kadenzen) heraus. Auf diesem Weg, der mit einer ständigen Hörerfahrung gekoppelt ist, kommen wir am schnellsten zu einem Überblick über eine Vielzahl von Akkordverbindungen, die in zahlreichen Jazzstücken Verwendung finden (Abb. 15).

Alle unsere Ketten befolgen eine *Regel der kleinsten Schritte*, die im Jazz sehr oft angewendet wird. Sie besagt, daß beim Übergang von einem Akkord zum nächsten die oberen Töne möglichst liegenbleiben, sofern es das Material des neuen Akkordes erlaubt oder aber in einem möglichst kleinen Intervall weitergeführt werden. Dabei werden Abwärtsbewegungen bevorzugt; ein charakteristischer und wichtiger Einfluß des Blues, in dem ja abwärtsführende Linien dominieren, auf die Jazzharmonik. Durch dieses Prinzip — das nur bei Einschnitten, etwa am Ende eines Chorusses, durchbrochen wird — gewinnen die Harmoniestrukturen des Jazz eine spezifische Kontinuität (Klangkontinuum).

Bei den Baßtönen können — und müssen zumeist — die Sprünge größer sein. Es wird aber bei größeren Intervallen selten ein Sprung zweimal in die gleiche Richtung gemacht.

In Abb. 16 lernen wir die Hauptformen der Grundtonfortschreitung von Akkordfolgen kennen, eingeteilt in drei Häufigkeitsgruppen. An der Spitze steht die Quart/Quintfortschreitung (die

Üb. 12

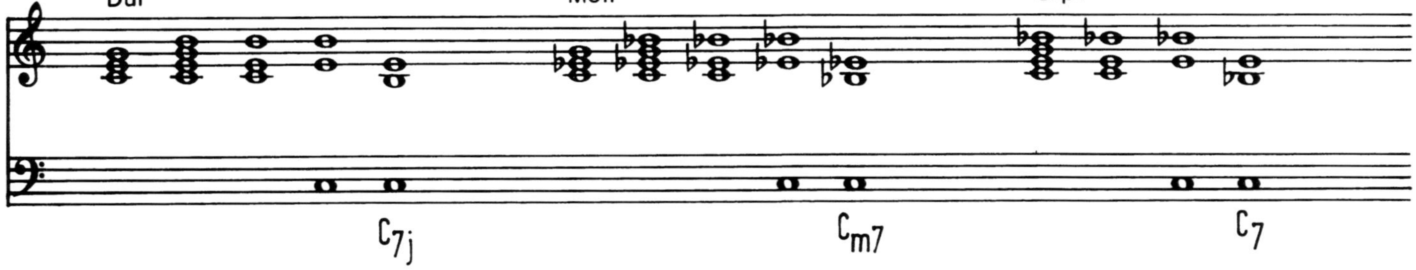

Abb. 15

Akkordketten

a Grundketten	z.B.	C_{7j}	F_{7j}	B^{b}_{7j}	E^{b}_{7j}	usw.
b Kombinationsketten	z.B.	C_{m7}	F_7	B^{b}_{m7}	E^{b}_{7}	usw.
Kadenzen	z.B.	C_{m7}	F_7	B^{b}_{7j}	:‖	

Abb. 16

Hauptformen der Grundtonfortschreitung bei Akkordfolgen

1. Quart / Quintfortschreitung ↻	z.B.	c	f	b^{b}
2. chromatisch abwärts	z.B.	c	b	b^{b}
3. Ganztonschritte abwärts	z.B.	c	b^{b}	a^{b}
4. chromatisch aufwärts	z.B.	c	c#	d
5. Ganztonschritte aufwärts	z.B.	c	d	e
6. Mediantenfortschreitung (kleine oder große Terzen abwärts oder aufwärts)	z.B.	c	a	f#

Abb. 17

"Map of Chord City"

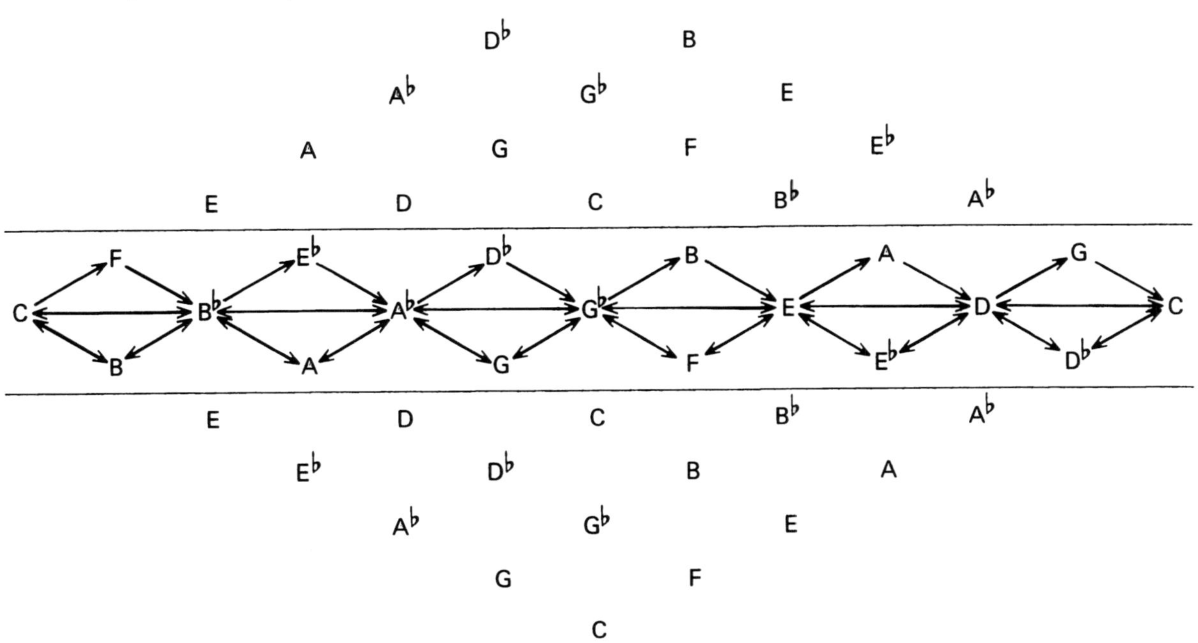

Grundtöne laufen im Quintenzirkel gegen den Uhrzeigersinn). Wenn wir unser Akkordmaterial auf diese Zusammenstellung anwenden, erhalten wir sofort eine Reihe von im Jazz gebräuchlichen Akkordfolgen. Die Kettenform bedeutet, daß wir jeweils sämtliche Möglichkeiten im Griff haben. Damit werden wir tonartenfest.

Je nach der Fortschreitung der Grundtöne sprechen wir von Quintketten, chromatischen Ketten (Halbtonketten), Ganztonketten und Mediantenketten. So nennen wir die erste Kette in Üb. 13 eine Quintkette mit Durakkorden (auch die Bezeichnung Durkette in Quintfortschreitung wäre sinnvoll).

Zunächst beschäftigen wir uns nur mit den ersten drei Formen der Grundtonfortschreitung. Die Formen vier und fünf erhalten wir, indem wir die entsprechenden Akkordketten von rechts nach links spielen. Mit der Form sechs beschäftigen wir uns später (S. 52).

Die Üb. 13 - 16 enthalten Grundketten, die Üb. 17 - 19 Kombinationsketten.*) Wir sehen in den Üb. 13 - 15, daß es – allgemein gesprochen – drei Wege gibt, um von C nach B^b zu kommen (Dur, Moll oder Sept): entweder über F oder über B oder direkt. Dieser Zusammenhang samt allen übrigen entsprechenden Fällen ist in Abb. 17 nochmals dargestellt. Die Ähnlichkeit mit einem Stadtplan ist auffällig; der Begriff „harmonischer Weg" drängt sich geradezu auf. Mit Hilfe von Pfeilen können wir gewissermaßen zwischen Einbahnstraßen (die sich aus der ungewöhnlichen und von uns daher hier ausgeschlossenen Grundtonfortschreitung im Quintenzirkel nach rechts ergibt) und zwischen in beiden Richtungen befahrbaren Straßen unterscheiden. Das Schema kann über die drei mittleren Zeilen hinaus nach oben und nach unten weitergeführt werden. Damit lassen sich eine Vielzahl harmonischer Wege von einem beliebigen Punkt zu einem beliebigen anderen mit den Grundtonfortschreitungen 1 - 5 finden. Außerdem können wir auch die Hauptkadenzen in allen Tonarten ablesen (siehe S. 32).

Unsere Grundketten haben weder Anfang noch Ende. Dagegen sind in den Kombinationsketten harmonische Schwerpunkte erkennbar, und zwar sind dies jeweils die Durakkorde.

Wenn wir die Ketten üben, spüren wir Bindekräfte zwischen den Akkorden. Sie bewirken, daß die Akkordfolgen logisch klingen.

Wir spielen die Akkordketten zunächst ohne Tempobezug. Dann geben wir uns ein Tempo von 90 - 130 vor (4/4-Takt) und spielen jeden Akkord einen Takt lang, jeweils auf der 1 beginnend. Danach rhythmisieren wir die Akkorde einer Kette, zunächst alle mit demselben Rhythmus, dann mit von Takt zu Takt wechselnden improvisierten Rhythmen.

Wenn wir die beiden oberen Töne von Üb. 13 - 20 eine Oktav tiefer spielen, so kommen wir an eine Klanggrenze, jenseits derer die Akkorde nicht mehr klingen.

Wir machen hier noch keine Funktionsanalyse (erst bei den Kadenzen, siehe S. 32). Es geht jetzt zunächst nur darum, typische Jazzklänge und Klangfolgen in Akkordform kennenzulernen und intensiv zu hören.

Üb. 20 zeigt Beispiele für weitere dreistimmige Akkorde und ihre Verwendung in unseren Akkordketten. Üb. 21 stellt eine Kombinationskette mit zusätzlichen sus-Akkorden dar. sus-Akkorde (engl. suspended) enthalten statt der Terz die Quart. Meist sind es Septakkorde, seltener Mollakkorde. Unsere Übung enthält beides. sus-Akkorde werden vor allem als Vorhaltakkorde verwendet, wie in unserem Beispiel.

Es gibt auch die Verwendung von sus-Akkorden ohne Weiterführung (siehe S. 69).

In Üb. 22 verwenden wir im Baß zum Grundton noch die Quint, machen die Akkorde also in einer speziellen Form vierstimmig. Üb. 23 zeigt schließlich die partielle Umkehrung unserer ersten Akkordkette (Üb. 13). Wir spielen alle Ketten nunmehr auch auf diese Weise.

Wenn wir, wie vorhin besprochen, z. B. von C_{7j} statt über F_{7j} über B_{7j} nach B^b_{7j} gehen, ersetzen oder substituieren wir damit F_{7j} durch B_{7j}. Substitutionen spielen im Jazz, wie wir

*) Die unterste Zeile von Üb. 15 enthält für die Üb. 13 - 15 die Baßlinie.

Üb. 13 Grundketten (Akkorde 1-2)

Üb. 14

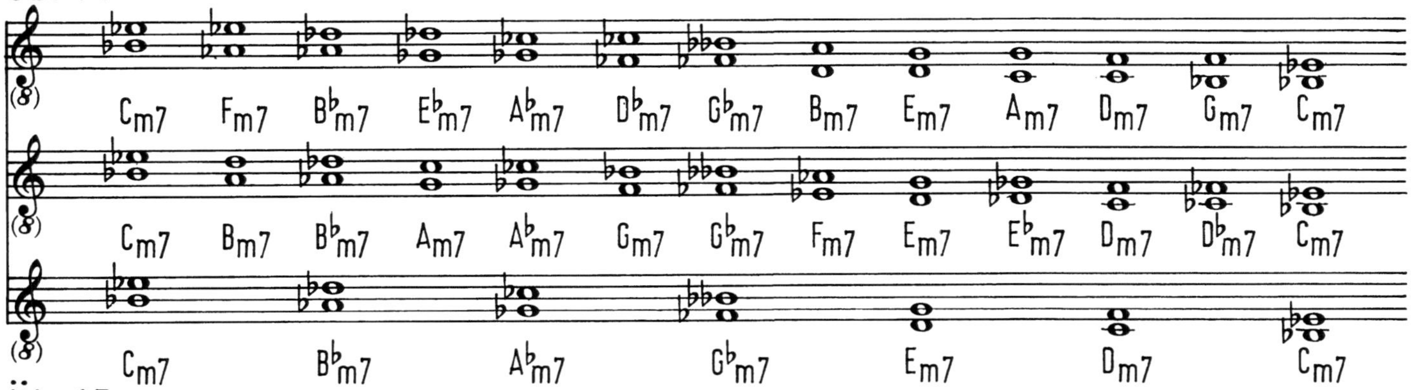

Üb. 15

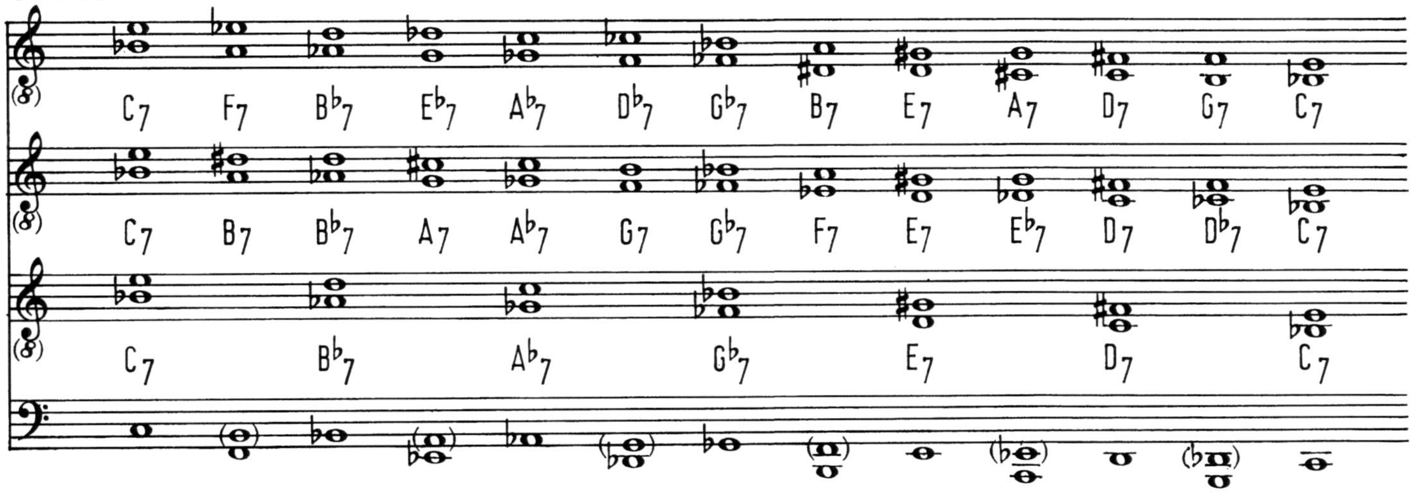

Üb. 16

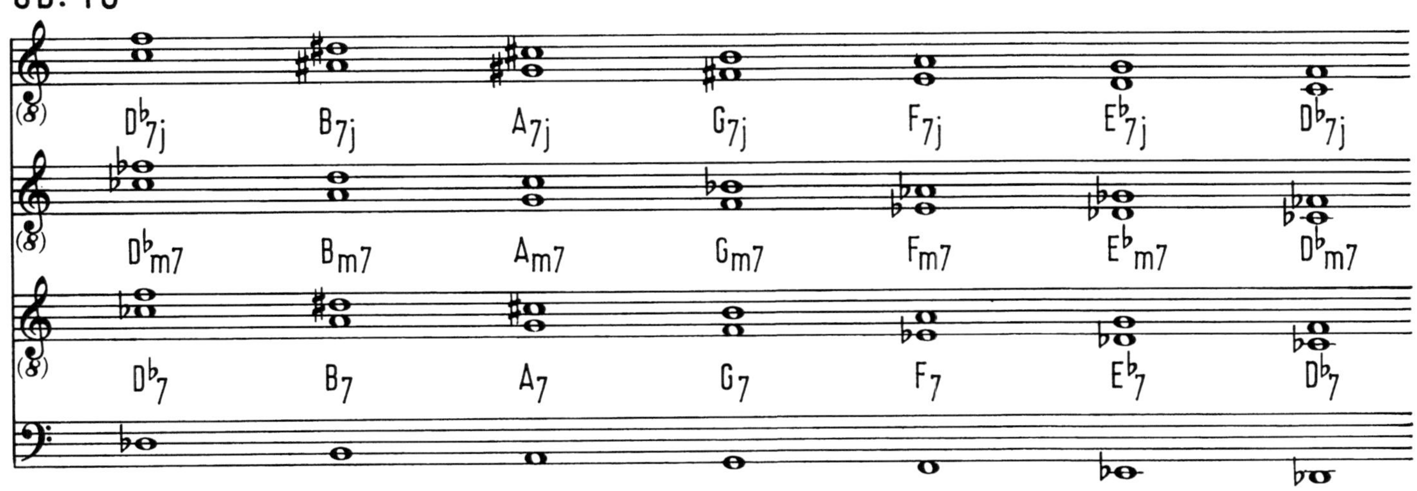

Üb. 17 Kombinationsketten (Akkorde 1-2)

Üb. 18

Üb. 19

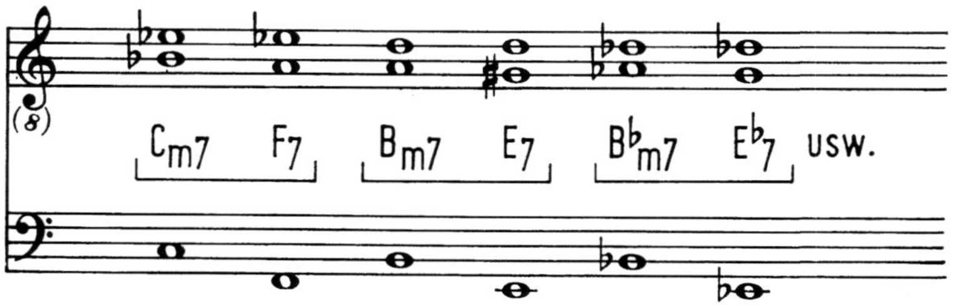

Üb. 20 Zusätzliche Farbtöne

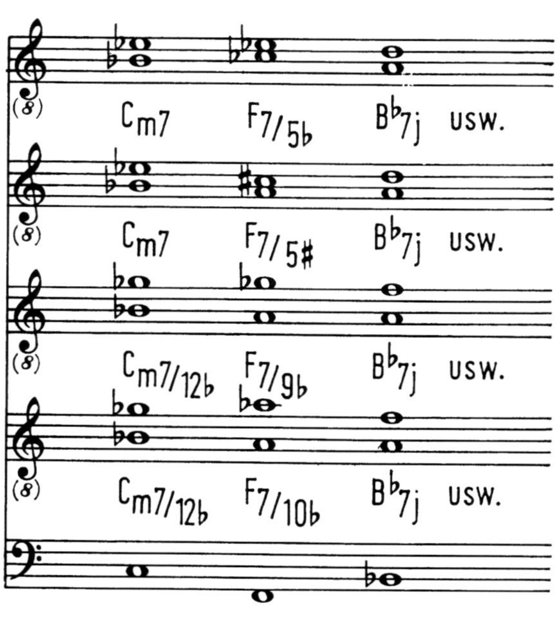

Üb. 21 Zusätzliche sus-Akkorde

Üb. 22 1 + 5 oder 5 + 1 im Baß

Üb. 23 Partielle Umkehrung

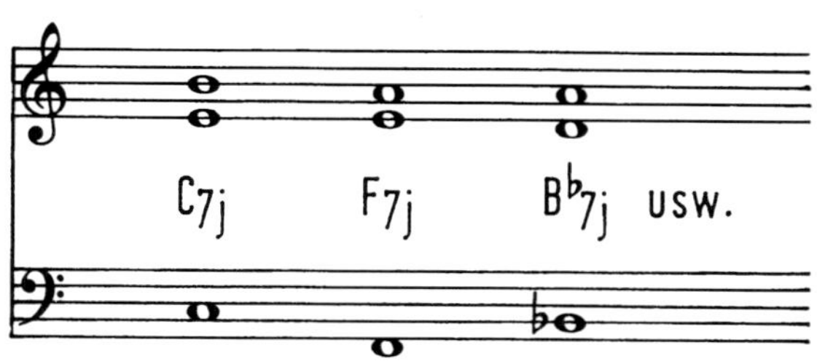

noch sehen werden, eine wichtige Rolle (siehe S. 43 und 44). Wir merken uns zunächst folgende Hauptmöglichkeiten:

Ersatz

a eines vorgegebenen Akkordes durch einen anderen derselben Primärform und mit dem gleichen Grundton (Farbsubstitution) — z. B. $C_{7/13}$ statt $C_{7/9}$

b eines vorgegebenen Akkordes durch einen anderen, der zu einer anderen Primärform gehört oder/und der einen anderen Grundton hat (Basissubstitution) — z. B. D_7 statt D_{m7}; $D^{\flat}_7$ statt G_7; $D^{\flat}$ statt G_7

Es ist bei einer Substitution nicht notwendig, daß das Substitut mit dem zu ersetzenden Akkord in einem inneren Zusammenhang steht.

4 AKKORDMATERIAL 2

Üb. 24 enthält die 7 Hauptkadenzen (Dur) des Jazz, bezogen auf C. Die II - V - I - Verbindung ist die Hauptkadenz im Jazz. Die klassische Kadenz (I - IV - V - I) kommt im Jazz kaum vor, nicht einmal im frühen Blues (die frühe Blueskadenz heißt I - IV - I - V - I, was einen ziemlichen Unterschied bedeutet.

Üb. 24

7 Hauptkadenzen

1. D_{m7} – G_7 – C	II – V – I
2. D_{m7} – $D^{\flat}_7$ – C	II – $\left(\begin{smallmatrix}\flat II_7\\ I'\end{smallmatrix}\right)$ – I
3. D_{m7} – G_7 |	II – V
4. D_{m7} – $D^{\flat}_7$ |	II – $\left(\begin{smallmatrix}\flat II_7\\ I'\end{smallmatrix}\right)$
5. G_7 – C	V – I
6. $D^{\flat}_7$ – C	$\left(\begin{smallmatrix}\flat II_7\\ I'\end{smallmatrix}\right)$ – I
7. C – F – C	I – IV – I

Üb. 25

C – $F^{\sharp}_{m7}$ – B_7 – E

I – II' – V' – I'

Üb. 26

D_{m7} – G_7 – C – F – E_{m7} – A_7 – D

II – V – I – IV – II' – V' – I'

Üb. 27

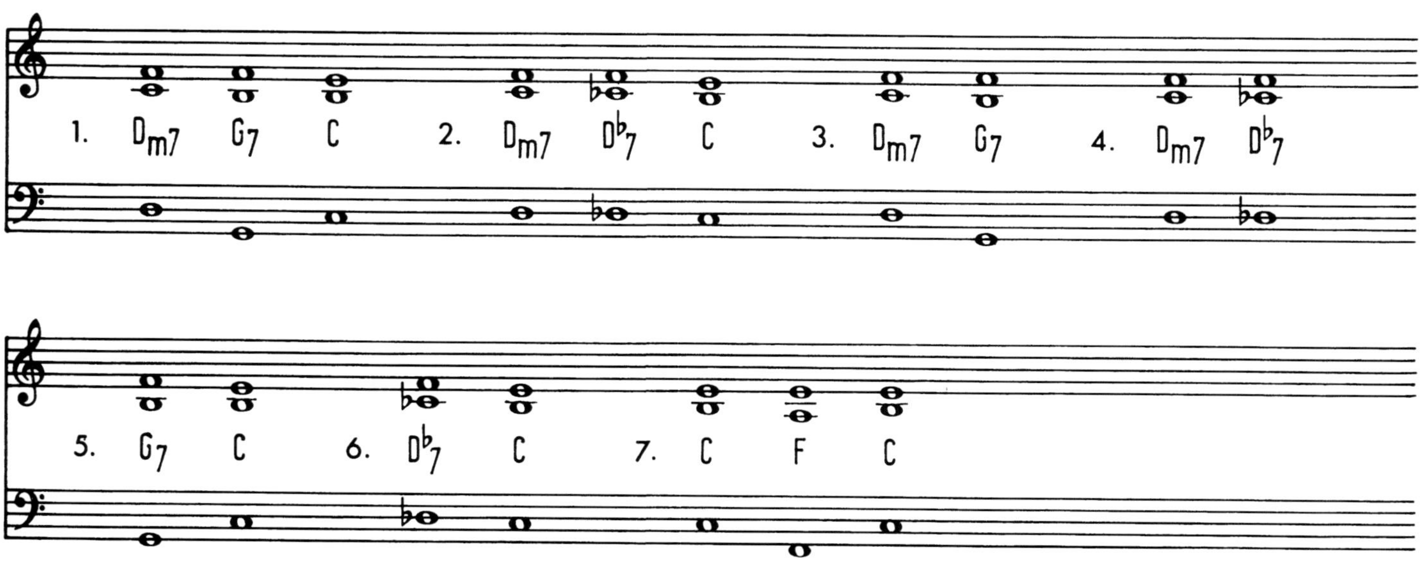

Die Akkorde sind mit Ausnahme des Tritonussubstituts der V Skalenakkorde zur C-Durtonleiter. Rechts haben wir die entsprechenden Stufensymbole angeschrieben. Damit bezeichnen wir zugleich Basisfunktionen. Funktionsanalyse und Stufenanalyse fallen im Jazz also zusammen. Die Farbfunktionen werden durch die Akkordsymbole angegeben, freilich nur in begrenztem Maße. Die Ausdeutungsmöglichkeiten eines Akkordsymboles schaffen einen improvisatorischen Freiraum, der noch wesentlich größer ist als der Freiraum beim Lesen von Jazzrhythmen, die in Noten aufgeschrieben wurden (siehe „Grundlagen der Jazzrhythmik"). Somit gibt es zu jeder der 7 Hauptkadenzen unzählige Varianten.

Das $D^{\flat}_{7}$ in Üb. 24 schreiben wir, da ja der Ton $d^{\flat}$ nicht in der C-Durtonleiter vorkommt, als $_{\flat}II_7$ ($_{\flat}II$ wäre $D^{\flat}_{m7}$). Doch darf diese Bezeichnung nicht so verstanden werden, als sei dieser Akkord dem vorhergehenden, von dem die Bezeichnung abgeleitet wurde, untergeordnet. Im Gegenteil – dieser Akkord ist selbständiger als G_7 in der ersten bzw. dritten Kadenz. Daher schreiben wir unter $_{\flat}II_7$ noch I' (gesprochen: eins Strich), denn das $D^{\flat}_{7}$ hat die Funktion eines tonalen Nebenzentrums; es findet eine spontane Modulation besonderer Art statt (siehe S. 47). Das merken wir spätestens dann, wenn wir zu diesem Akkord eine Melodie suchen (siehe S. 37). Die Bezeichnung „alterierter Akkord" für das $D^{\flat}_{7}$ wäre hier also zumindest ungenau.

Es kommt noch etwas hinzu. Wir können sagen, daß in der 2. und 4. Kadenz gegenüber der 1. und 3. Kadenz das G_7 durch $D^{\flat}_{7}$ ersetzt (substituiert) wird oder daß das $D^{\flat}_{7}$ als Stellvertreter von G_7 steht. Doch ist dies nur eine rein formale Aussage, die in der Praxis im Bewußtsein eines Musikers überhaupt keine Rolle zu spielen braucht. Wenn wir die zweite Kadenz spielen, denken wir nicht an die erste und umgekehrt.

Bei der Improvisation durch eine Akkordfolge werden die harmonischen Verhältnisse noch dadurch komplizierter, daß ein oder mehrere Akkorde durch dynamische, rhythmische, klangliche oder melodische Mittel stark herausgehoben werden können, was sich durch Wiederholungen der Akkordfolge noch unterstreichen läßt, oder indem Bestandteilen einer (längeren) Akkordfolge Zielcharakter gegeben wird (also etwa eine II - V - Beziehung unterlegt wird). Die so entstehenden Nebenzentren brauchen aber nicht durch das ganze Stück hindurch gleiches Gewicht zu haben, sie können beispielsweise mit wachsender emotionaler Spannung kommen und später wieder vergehen.

Zentralakkorde sind Zielakkorde. Jeder Akkord einer Akkordfolge läßt sich einem, mitunter auch zwei Zentralakkorden zuordnen. Wenn er selbst Zentralakkord ist, ist er sein eigenes Ziel (Üb. 25).

Jede I (Zentralakkord = key center) bestimmt samt den zu ihr gehörenden und ihr zumeist vorausgehenden Akkorden (häufige Ausnahme ist die IV, siehe Üb. 26) eine key area (Tonartbereich) und damit eine Tonart. Die I kann auch angesteuert werden, ohne erreicht zu werden (Üb. 24, Nr. 3 und 4). Dies ist eine Parallele zum Akkord „ohne Grundton" (siehe S. 38) und zum off-pitch, der sein Ziel nicht erreicht (siehe „Arrangement und Improvisation", Kapitel Melodik).

Zu jedem Zentralakkord gehört eine Zentralskala, aus der im wesentlichen die Akkorde der betreffenden key area aufgebaut sind (zumindest deren Basisstrukturen). Die einfachste Methode der Melodiebildung – sei es mittels Improvisation oder mittels Arrangieren/Komponieren – über einer key area ist die Verwendung der betreffenden Zentralskala. Wir ordnen also nicht jedem einzelnen Akkord eine Skala zu, sondern jeder key area (zumindest bis zur Erreichung einiger Fähigkeiten). Nicht nur bedeutet dies eine wesentliche Erleichterung beim Improvisieren, sondern es wird dadurch auch jede key area deutlich hervorgehoben, und das Ohr wird im Hören und Ausdeuten von key areas geschult.

Mit den folgenden Begriffen können wir das bisher Erarbeitete noch veranschaulichen:

Schwerpunkt Jeder Akkord hat mindestens einen Basisschwerpunkt (Grundton) und einen Farbschwerpunkt.

Jede Akkordfolge hat mindestens einen Basisschwerpunkt (Zentralakkord) und einen Farbschwerpunkt.

Schwerpunkte erzeugen ein harmonisches Gefälle und damit Bewegung. Dem Gravitationszentrum der I stehen Bewegungszentren gegenüber (alle anderen Stufen können als solche fungieren).

Richtungstendenz Sie hat im Prinzip jeder Akkord, vor allem V und $_{b}II_7$. Meist breit gestreut, vor allem bei I. Mit der Richtungstendenz entsteht (zusätzliches) harmonisches Gefälle (harmonische Spannung/harmonic drive).
Gegenstück: Widerstand gegen Veränderungen.

Bindekraft Die Bindekräfte zwischen Akkorden werden teils durch Basisfunktionen (Stufenbeziehungen) bestimmt, teils sind sie klanglicher Natur. Beides überlagert sich. Bei gleichen Stufenbeziehungen können andere Farbtöne zu anderen Gesamtbindekräften führen.

Die Bindekräfte zwischen Akkorden hängen auch von deren Dauer ab. Spielen wir jeden Akkord einer II - V - I - Verbindung 8 oder gar 16 Takte lang bei mittlerem Tempo, so ist die II - V - I - Verbindung kaum mehr wahrnehmbar.

Bei einer II - V - I - Verbindung ist der Übergang II - V weniger gerichtet als der folgende Übergang V - I. Dieser Wechsel der Richtkraft gibt der II-V-I-Verbindung eine spezifische harmonische Bewegung. Wenn wir die Verbindung ohne Einfügung eines Übergangsakkordes wiederholen, so entsteht ein Sprung, der erst durch das Folgende begründet wird. Entsprechend machen wir hier beim Spiel der Akkorde nach dem Zentralakkord eine Bewegung nach oben (Üb. 27, Nr. 1).

Dieses System von Spannungen zwischen den Akkorden, mit einem Akkord sozusagen als Oberhaupt an der Spitze, heißt tonales System, die auf ihm basierende Musik tonale Musik. Atonal ist also eine Musik, wenn sie kein solches System, keine ,,Rangunterschiede'' zwischen Akkorden kennt. Es leuchtet ohne weiteres ein, daß in einem solchen Fall fruchtbare musikalische Spannungen verlorengehen, und es erhebt sich die Frage, wodurch sie sich ersetzen lassen.

Den Begriff Auflösung vermeiden wir im Jazz am besten ganz, da er zu wenig anschaulich ist, und ersetzen ihn durch Begriffe wie Richtungstendenz und Bindekraft, Adhäsion und Resonanz. Die klanglichen Spannungsfelder des Jazz sind nicht weniger differenziert als die der traditionellen europäischen Musik — im Gegenteil, bedenkt man etwa die Vielfalt an Möglichkeiten, die durch die Freiheit der Tonbildung im Jazz entstand. Aber sie zeigen andere Strukturen und andere Gewichtsverteilungen von Bindung und Freiheit.

Kadenzen können wegen ihres starken inneren Zusammenhaltes beliebig aneinandergereiht werden. Die möglicherweise schwache Bindekraft zwischen dem letzten Akkord einer Kadenz und dem ersten der nächsten Kadenz wird durch die folgenden stärkeren Bindekräfte ausgeglichen.

Mit V oder II - V kommen wir vom Ende einer Akkordfolge zurück zum Anfang. Wie nehmen also von D nach E_{m7} als Übergang B_7 oder $F^{\#}_{m7}B_7$. Denselben Übergang nehmen wir auch von B^b nach E_{m7} — nicht der Ausgangs-, sondern der Zielakkord ist maßgebend.

Wichtig ist, daß wir die Akkorde einer key area als Gesamtklang hören und für die Improvisation im Gedächtnis behalten. Später werden wir auch imstande sein, mehrere aufeinanderfolgende key areas als Gesamtklang zu hören.

In Üb. 27 sind die Kadenzen von Üb. 24 mit unserem Akkordmaterial 1-2 dargestellt. Wir üben sie sorgfältig in allen Tonarten und in verschiedenen Tempi, nach Möglichkeit auch schon in verschiedenen Taktarten.

Unsere Kombinationsketten sind aneinandergereihte Kadenzen (Nr. 1 - 4). Auch von den Kadenzen 5 - 7 lassen sich Kombinationsketten bilden.

Wir können nun unsere Kadenzen auf verschiedene Taktzahlen verteilen. Dazu einige Beispiele:

D_{m7} |	G_7 |	C |	C ‖		häufigster Fall
D_{m7}	G_7 |	C ‖			
D_{m7} |	G_7 |	C ‖			
D_{m7} |	D_{m7} |	G_7 |	C ‖		
D_{m7} |	G_7 |	G_7 |	C ‖		
usw.					

Ferner ist zyklische Vertauschung innerhalb aller dieser Strukturen möglich. Eine II-V-I-Verbindung kann auch mit der V oder mit der I beginnen.

Die mehrfache Wiederholung einer Kadenz gibt ihr den Charakter eines harmonischen riffs. Mit rhythmischen riffs gekoppelt ergeben sich sehr starke rhythmisch-klangliche Spannungen (Big Band).

Stehen in einem Takt zwei Symbole, so gilt jedes für zwei Schläge; entsprechend gilt bei vier Symbolen in einem Takt jedes für einen Schlag. Ist eine andere Aufteilung beabsichtigt, so bezeichnet man mit schrägen Strichen die über einen Schlag hinausgehende Geltungsdauer eines Akkordes:

B_{7j} / / D_{m7} |

Bei Akkordwiederholungen verwendet man häufig das Zeichen ⁒ :

A_{m7} | ⁒ | D_7 | ⁒ |

oder, wenn sich eine zweitaktige Folge wiederholt:

A_{m7} | D_7 | ⁒ |

Wenn die Symbole unter Noten stehen, schreibt man oft nur im ersten Takt einen Akkord, wenn er mehrere Takte hindurch gilt.

Unter h a r m o n i c r h y t h m verstehen wir den Rhythmus — meist aus Vierteln, Halben und Ganzen bestehend — der durch die Geltungsdauer der Akkorde einer Akkordfolge bestimmt wird.

Wir haben jetzt genügend Kenntnisse, daß wir ohne weiteres die Akkordstrukturen einiger Stücke spielen können. Wie wir durch Zusatztöne die dreistimmigen Akkorde erweitern können, werden wir später sehen.

Üb. 28 („Green Dolphin Street" / Bronislau Kaper) hat eine AA'-Form (zweimal 16 Takte mit Haus 1 und 2). Üb.29 („Body and Soul"/Johnny Green) hat eine AABA-Form (ein 8-taktiger A-Teil wird wiederholt, dann folgt der 8-taktige B-Teil, dann wieder der A-Teil mit Haus 1).

Für eine harmonische Analyse fehlen uns noch einige Überlegungen, mit denen wir uns im nächsten Kapitel beschäftigen.

Für erste Improvisationsübungen brauchen wir nun Akkorde (wieder möglichst einfache, also nur mit Grundton, Terz und Sept), die wir mit der linken Hand allein greifen können, so daß wir die rechte Hand frei haben, um über die Akkorde zu improvisieren. Üb. 30 enthält unser neues Akkordmaterial. Es ist jeweils auch ein Akkord mit der Quint im Baß angegeben, den wir brauchen, wenn wir die Regel der kleinsten Schritte anwenden wollen. Üb. 31 besteht aus Grundketten in Quintfortschreitung (jeweils zwei Möglichkeiten). Wir üben sie und ebenso auch Kombinationsketten und Kadenzen; dabei müssen wir die untere Klanggrenze beachten. Wenn wir sie erreicht haben, springen wir nach dem letzten Zentralakkord nach oben.

Üb.32 zeigt, wie wir uns schrittweise der Improvisation über eine II-V-I-Verbindung nähern.

Bei tonalen Nebenzentren brauchen wir eine eigene Zentralskala. Daher nehmen wir bei II - $\flat II_7$ - I für den Septakkord die zugehörige Septtonleiter. Weitere Möglichkeiten werden in „Arrangement und Improvisation" besprochen.

Üb. 28

"GREEN DOLPHIN STREET"

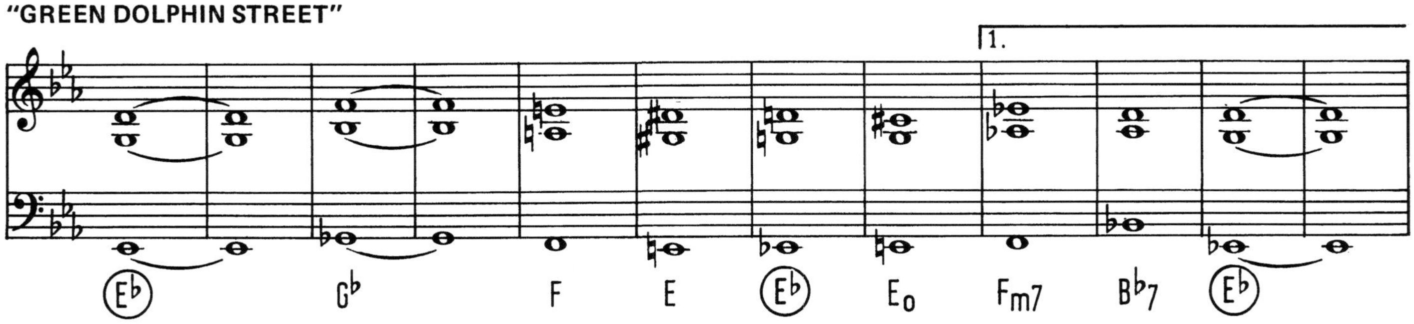

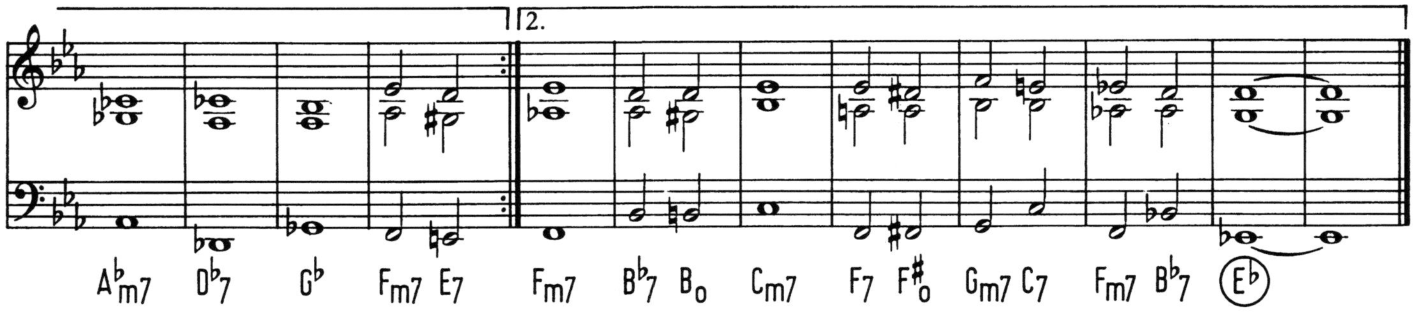

Üb. 29

"BODY AND SOUL"

A-Teil

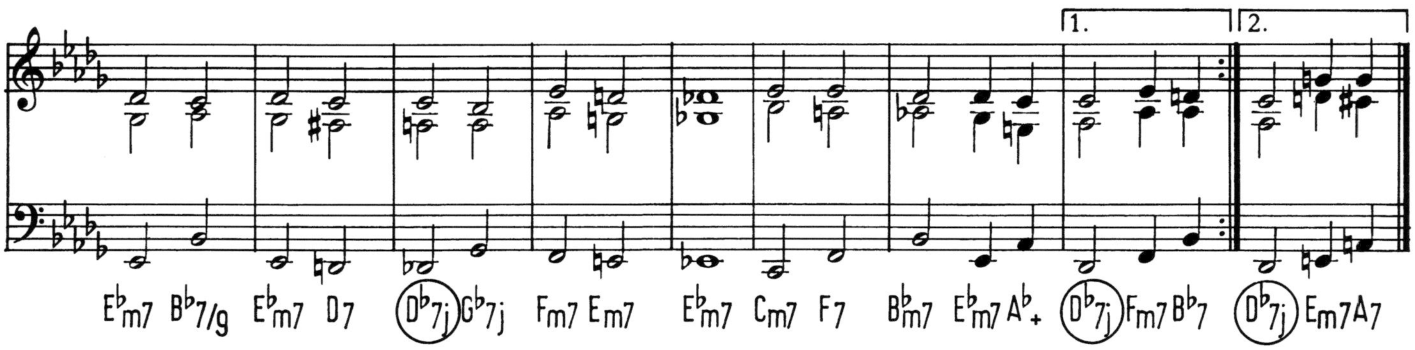

B-Teil

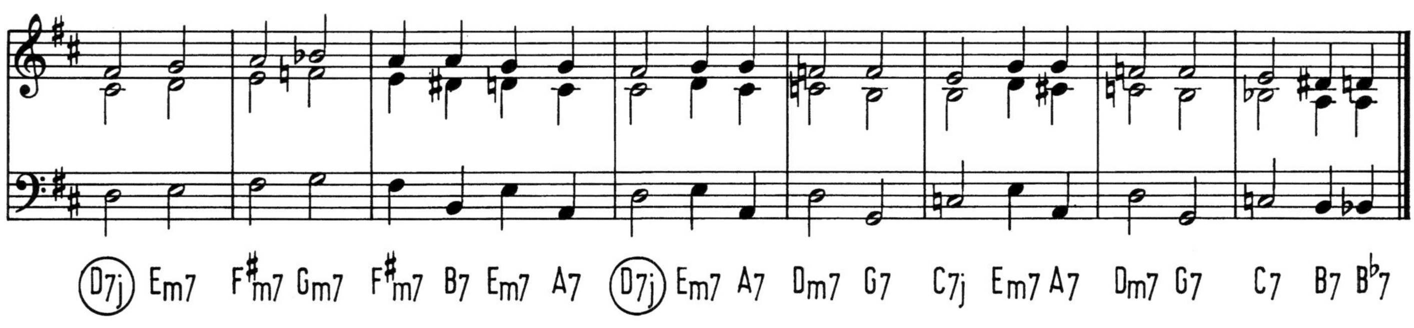

Üb. 30 Akkorde 3 - 0 (1 oder 5 im Baß)

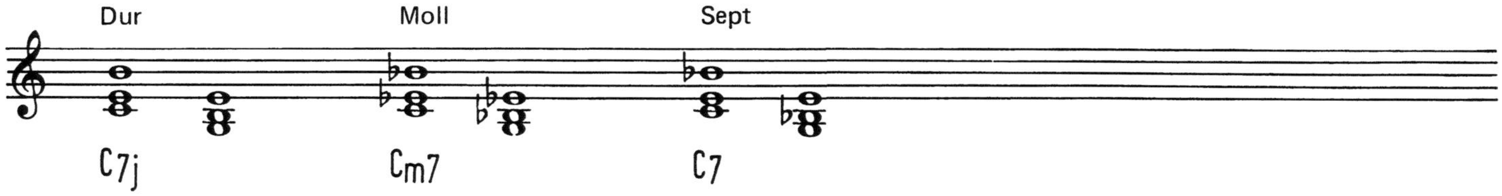

Üb. 31 Grundketten (Quintfortschreitung)

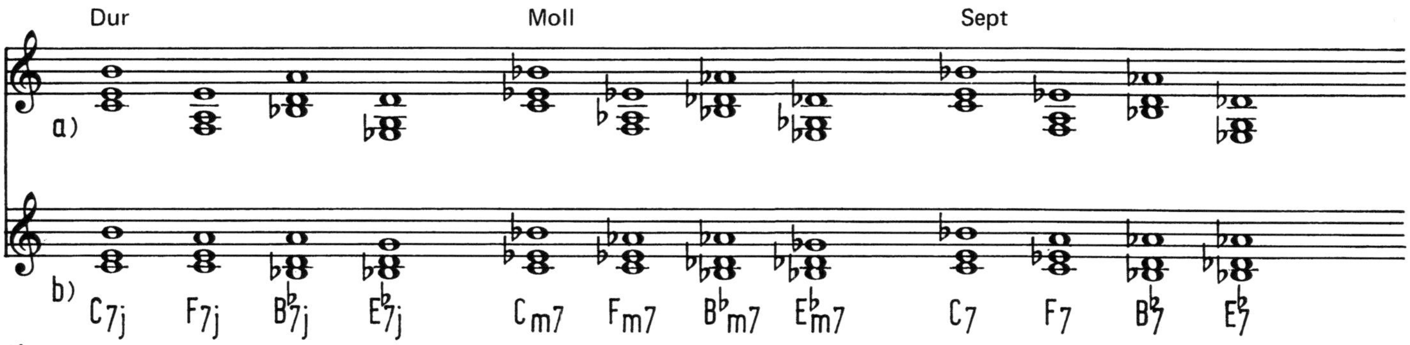

Üb. 32 Melodiebildung über II – V – I

Üb. 33 Melodiebildung über II – ♭II7 – I

5 AKKORDMATERIAL 3

Wir erweitern nun unser bisheriges dreistimmiges Akkordmaterial durch Hinzufügung eines vierten Tones als neuem Diskantton. In erster Linie verwenden wir dazu Farbtöne, wobei wir Halbtonabstände zwischen zwei benachbarten Akkordtönen wegen der dabei entstehenden scharfen Klänge vermeiden.

Wir vergrößern damit auch die Zahl unserer Akkordketten. Üb. 34 enthält 12 Grundketten in Quintfortschreitung (2 für Dur, 2 für Moll, 8 für Sept). Wir erkennen die Bedeutung des Septakkordes. Für den Zusatzton bieten sich mehr Möglichkeiten als bei Dur und Moll.

Statt $F_{7/13}$ wird oft auch $F_{7/6}$ geschrieben. Hier wird wie in ähnlichen Fällen in der Praxis oft kein Unterschied gemacht. Dagegen besteht sehr wohl ein Unterschied zwischen $F_{10\flat}$ und $F_{9\sharp}$. Die Frage, welches Symbol verwendet wird, entscheidet sich nach der Weiterführung dieses Farbtones (ob nach oben oder nach unten).

Üb. 35 enthält 8 Kombinationsketten, wobei bei den Ketten 1 - 4 und 5 - 8 jeweils nur der Septakkord verändert wird.

Wenn wir in Üb. 34 und 35 statt der Quintfortschreitung eine chromatische Fortschreitung abwärts vornehmen (eingeklammerter Baßton), erhalten wir neue Septakkorde (Tritonussubstitute) mit anderen Farben.

Das neue Akkordmaterial ist in Üb. 36 zusammengefaßt. Durch Hinzufügung einer Quint als zweituntersten oder untersten Ton machen wir unsere vierstimmigen Akkorde fünfstimmig (weitere fünfstimmige Akkorde in Kap. 7). Üb. 37 gibt für eine Durkette in Quintfortschreitung Beispiele.

Üb. 38 enthält einige weitere vierstimmige Akkorde, Üb. 39 einige II - V - I - Verbindungen mit diesem Material. Üb. 39e stellt einen modal interchange dar (II-V in Moll, gefolgt von I in Dur). Mehr dazu auf S. 46.

Wenn wir nun bei den Akkorden von Üb. 36 den Baßton weglassen — und damit auch bis auf einen Fall den Grundton — und die so entstehenden dreistimmigen Akkorde mit der linken Hand spielen, haben wir wieder die rechte Hand zum Improvisieren frei. Dieses neue Akkordmaterial spielt seit den 50er Jahren im Jazz eine wichtige Rolle (als Begleitmaterial der Pianisten wie auch für Bläsersätze). Die neuen Akkorde sind verkappte vierstimmige Akkorde, da der Grundton mitgehört werden muß. Er wird in der Praxis oft vom Baß gespielt — einer der Gründe, weshalb der Baß im Jazz immer unentbehrlicher geworden ist. Er kann aber auch im Spiel der rechten Hand auftauchen.

In Üb. 40 ist das neue Akkordmaterial zusammengestellt. Bei den Septakkorden ist jeweils auch ein zweiter Grundton möglich. Das bedeutet, daß durch die Melodiebildung jeder dieser Akkorde gedeutet bzw. umgedeutet werden kann (vgl. dazu Üb. 95 auf S. 73).

Üb. 41 enthält 8 II - V - I - Verbindungen. Jede dieser Akkordfolgen enthält eine andere musikalische Aussage, auch wenn wir sie wie hier nur in ganzen Noten spielen. Sie regen daher die Phantasie des Musikers in unterschiedlicher Weise an. Diese Unterschiede zu hören ist wichtig.

Beim Improvisieren über diese Kadenzen sehen wir, daß Farbtöne im Septakkord, die nicht in der $B^{\flat}$-Durtonleiter enthalten sind, zu Reibungen führen. Wollen wir sie vermeiden, müssen wir spezielle Skalen verwenden (siehe dazu „Arrangement und Improvisation").

Üb. 42 enthält weitere dreistimmige Akkorde „ohne Grundton".

In Üb. 43 sehen wir über einer II - V - I - Verbindung mit unserem neuen Akkordmaterial zwei verschiedene Melodien, eine ruhige und eine bewegte, wobei es harmonisch keine Rolle spielt, ob sie beim Improvisieren oder beim Arrangieren/Komponieren gefunden werden.

Üb. 34

Grundketten (Akkorde 1-3)

Üb. 35

Kombinationsketten (Akkorde 1-3)

Üb. 36

Zusammenfassung des Akkordmaterials 1-3

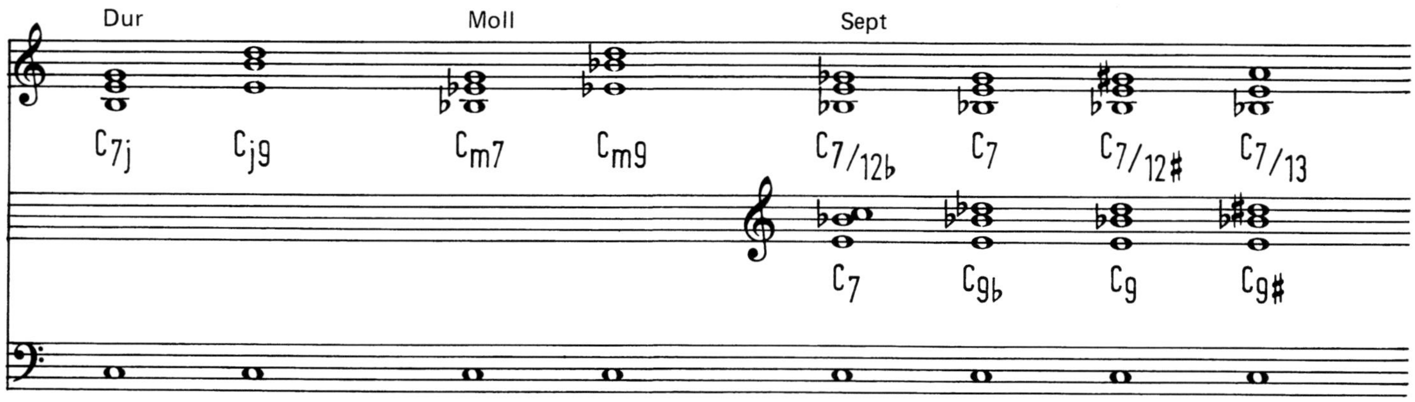

Üb. 37

1 + 5 oder 5 + 1 im Baß

Üb. 38

Weitere Akkorde 1-3

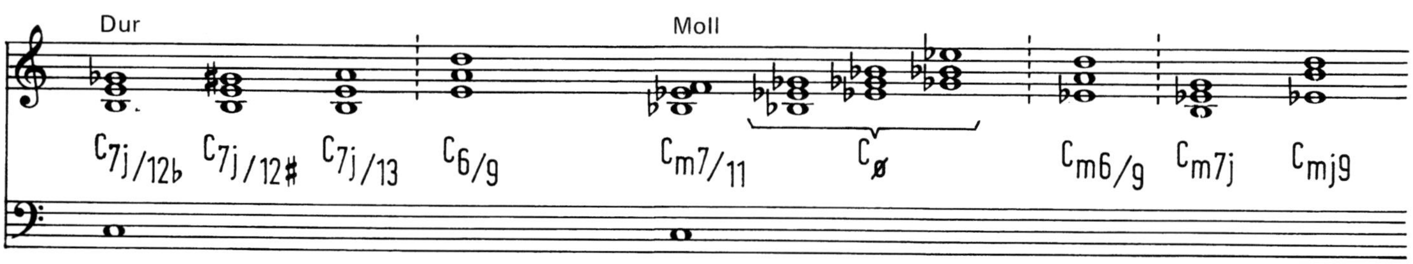

Üb. 39

II–V–I

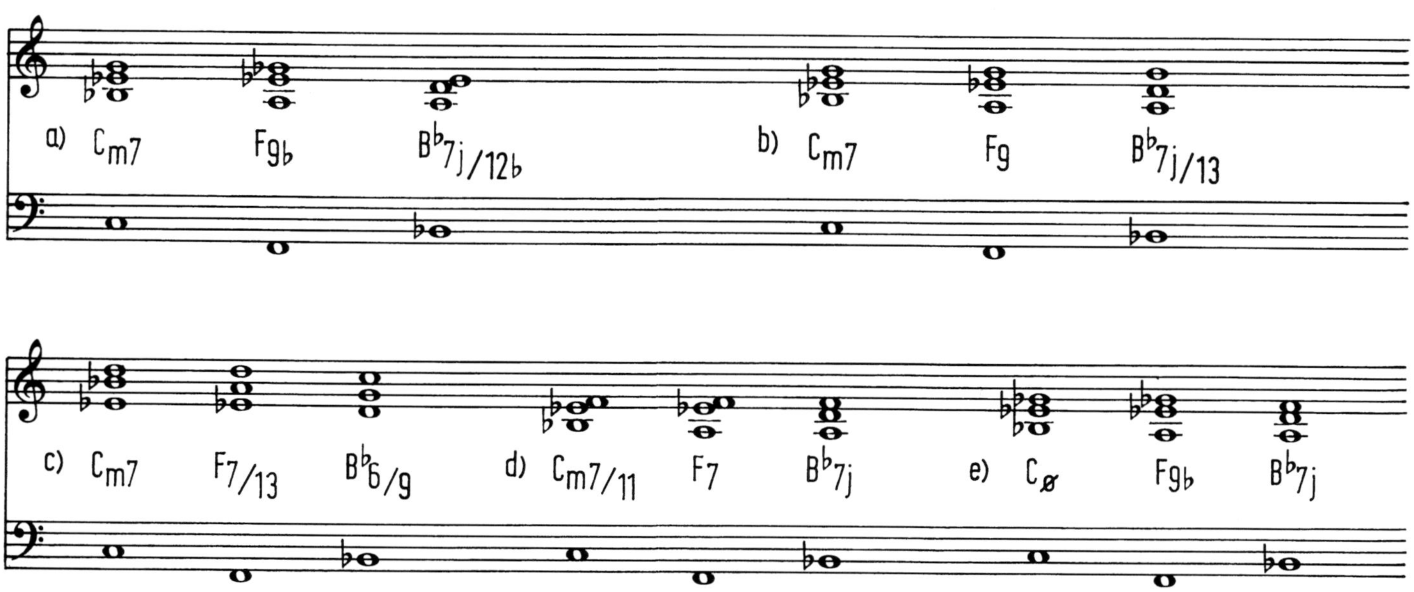

Üb. 40

Akkorde 3-0 (Terz oder Sept im Baß)

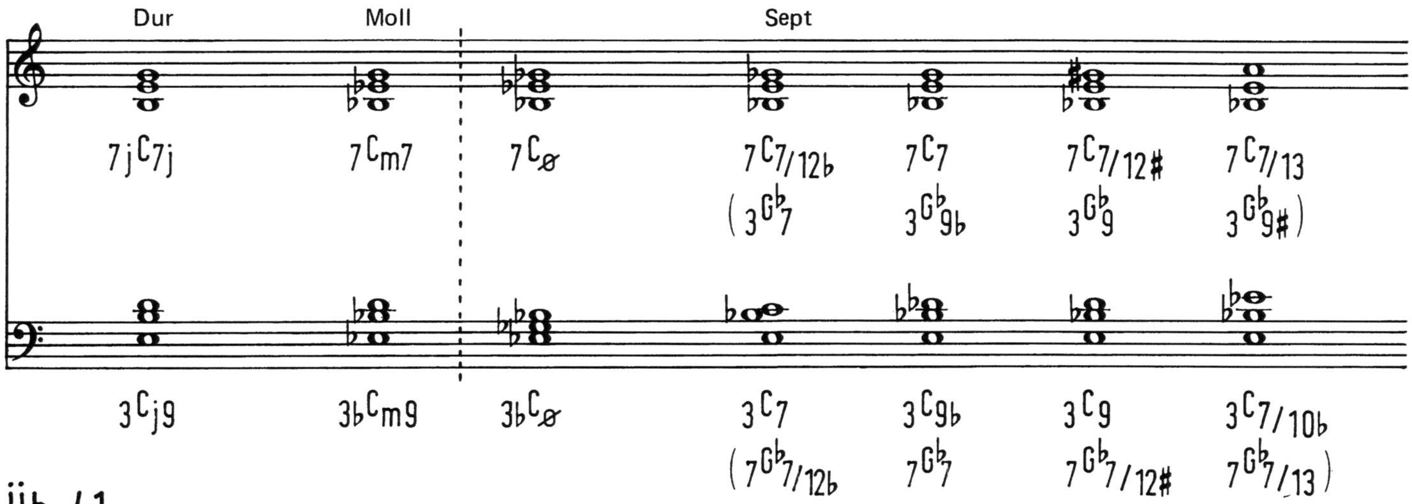

Üb. 41

II–V–I

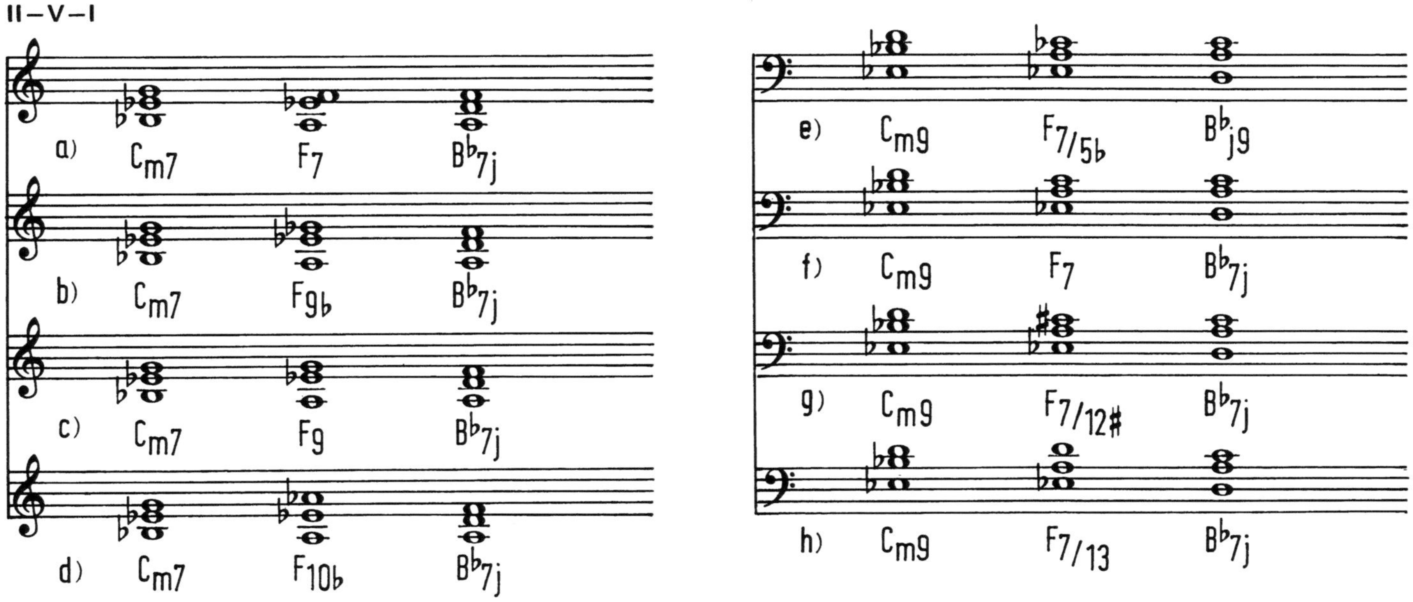

Üb. 42

Weitere Akkorde 3-0 (Terz oder Sept im Baß)

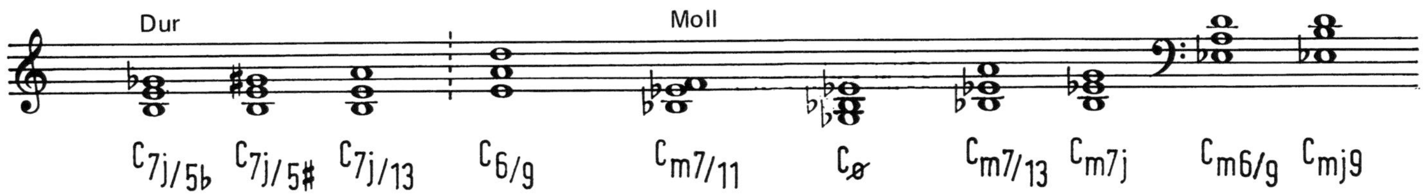

Üb. 43

Melodiebildung über II–V–I

Üb. 44 macht uns mit ersten Substitutionen (Basissubstitutionen) von II - V - I vertraut. Den Fall 1 kennen wir bereits. Wir sehen, daß mit der Einführung von Nicht-Skalenakkorden tonale Nebenzentren auftreten. Dabei betrachten wir D_7 in Nr. 4 durchaus als Skalenakkord, obgleich das f♯ in diesem Akkord nicht in C^S enthalten ist. Durch diese Abweichung entsteht zusätzliche Spannung. Der Jazzmusiker arbeitet gerne mit Spannungen, die durch Abweichungen und Durchbrechungen von Regelmäßigkeiten entstehen, und macht sie musikalisch nutzbar.

Wir merken uns, daß die V. Stufe immer ein Septakkord ist und daß Durakkorde nur als I. oder IV. Stufe (bei Dur) auftreten.

D_7 in Üb. 44, Nr. 4 können wir als Sekundärdominante bezeichnen (Septakkord auf einer anderen als der V. Stufe, der zu einem Skalenakkord führt). Doch ist dies einer jener Begriffe, die leicht zu einem statischen Denken verleiten, in dem die Begriffe sich dem, was sie bezeichnen, überlagern statt es zu verdeutlichen.

In Üb. 45 sind unsere Substitutionen mit dem Akkordmaterial 1 - 2 dargestellt, in Üb. 46 mit Akkorden 3 - 0 (Terz oder Sept im Baß).

Weitere Substitutionen von II - V - I finden wir in Üb. 47. Die Ausführung in Üb. 48 verwendet das Akkordmaterial 1 - 3, um mit dem zusätzlichen Ton einen melodischeren Übergang zu schaffen als er mit dem Material 1 - 2 möglich wäre.

Wir sehen, daß bei II - V - I vor allem die V substituiert wird.

Einzelne nicht-leitereigene Akkorde beschreiben wir mit einem Stufensymbol, indem wir den Grundton des betreffenden Akkordes unter Berücksichtigung eines eventuellen Vorzeichens vom nächsten Skalenton „ableiten" und dann gegebenenfalls zum so gefundenen Stufensymbol Indizes angeben. Wir wissen aber bereits (vgl. S. 32) daß in solchen Fällen immer ein tonales Nebenzentrum auftritt und daher das Stufensymbol unvollständig ist, daher die Hinzufügung von I'. Bei zwei aufeinanderfolgenden nicht-leitereigenen Akkorden hätte das geschilderte Verfahren keinen rechten Sinn mehr. Wir schreiben dann gleich die eigentlichen Akkordfunktionen an (siehe Üb. 47, Nr. 2, 4 und 5).

Üb. 49 macht uns mit Erweiterungen von II - V - I durch VI und III vertraut. Wenden wir dazu noch die früheren Substitutionen an, so vergrößert sich die Zahl der Kadenzen sehr (Üb. 49 enthält nur einen Teil der Möglichkeiten). Die Stufenanalyse können wir jetzt schon selbst vornehmen.

Wir können alle Möglichkeiten mit unserem bisherigen Akkordmaterial ohne weiteres ausführen.

Im folgenden Beispiel sehen wir, wie mit III und VI in einer II-V-I-Verbindung der Übergang von I zurück zu II bei der Wiederholung der Kadenz gemildert wird. Statt A_{m7} kann auch A_7 stehen (Erhöhung des harmonischen drive):

D_{m7} | G_7 | C | (E_{m7}) A_{m7} :||

Üb. 50 enthält Mollkadenzen (nur Stufenakkorde, vgl. Üb. 3). Gegenüber Dur brauchen wir eine Erweiterung von II und V um einen Skalenton. Bei II ist dies die verm. Quint, bei V vor allem 9♭, 10♭ und 13♭. Die drei Möglichkeiten bei V wollen wir zusammenfassend als C (= color) bezeichnen.

Wieder gibt es verschiedene Substitutionsmöglichkeiten, und wieder sehen wir auch, daß die IV wie bei Dur nur eine geringe Rolle spielt.

In Üb. 51 finden wir die Mollkadenzen 0-3 mit zwei verschiedenen voicings. Ein paar Mal sind Sprünge unvermeidlich; sie können aber durch eine zusätzliche Melodie aufgefangen werden.

Üb. 52 zeigt den Weg zur Improvisation über die erste Mollkadenz mittels $C^S_{mä}$.

Üb. 44

Erste Substitutionen von II-V-I

	D_{m7} – G_7 – C	II – V – I
1.	$D^{\flat}_{7}$	$\left(\flat II_7 \atop I'\right)$
2.	$A^{\flat}_{m7}$ – G_7 – C	$\left(\flat VI \atop I'\right)$ – V – I
3.	D_{m7} – G_7 – $G^{\flat}$	II – V – $\left(\flat V_{7j} \atop I'\right)$
4.	D_7 – G_7 – C	II_7 – V – I
5.	$D^{\flat}_{7}$	$\left(\flat II_7 \atop I'\right)$
6.	$A^{\flat}_{7}$ – G_7 – C	$\left(\flat VI_7 \atop I'\right)$ – V – I
7.	$D^{\flat}_{7}$	$\left(\flat II_7 \atop I'\right)$
8.	D_{m7} – $D^{\flat}$ – C	II – $\left(\flat II_{7j} \atop I'\right)$ – I

Üb. 45

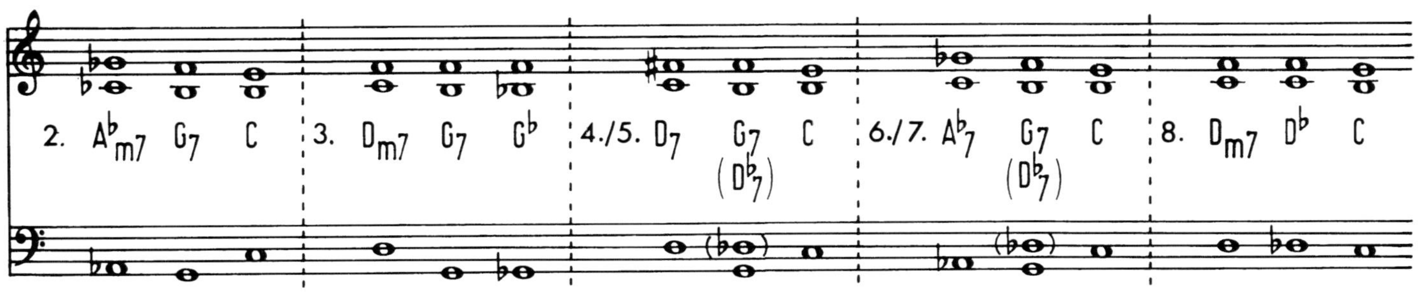

Üb. 46

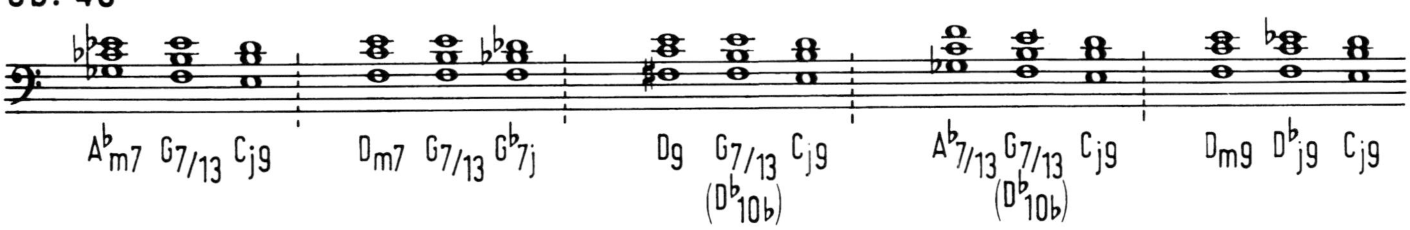

Üb. 47

Weitere Substitutionen von II - V - I

	D_{m7} – G_7 – C	II – V – I
1.	D_{m7} – $B^{\flat}_7$ –	II – $\binom{\flat VII_7}{I'}$ –
2.	– F_{m7} $B^{\flat}_7$ –	– II'-V' –
3.	– B_7 –	– $\binom{VII_7}{I'}$
4.	– $F^{\sharp}_{m7}$ B_7 –	– II'-V' –
5.	– $A^{\flat}_{m7}$ $D^{\flat}_7$ –	– II'-V' –

Üb. 48

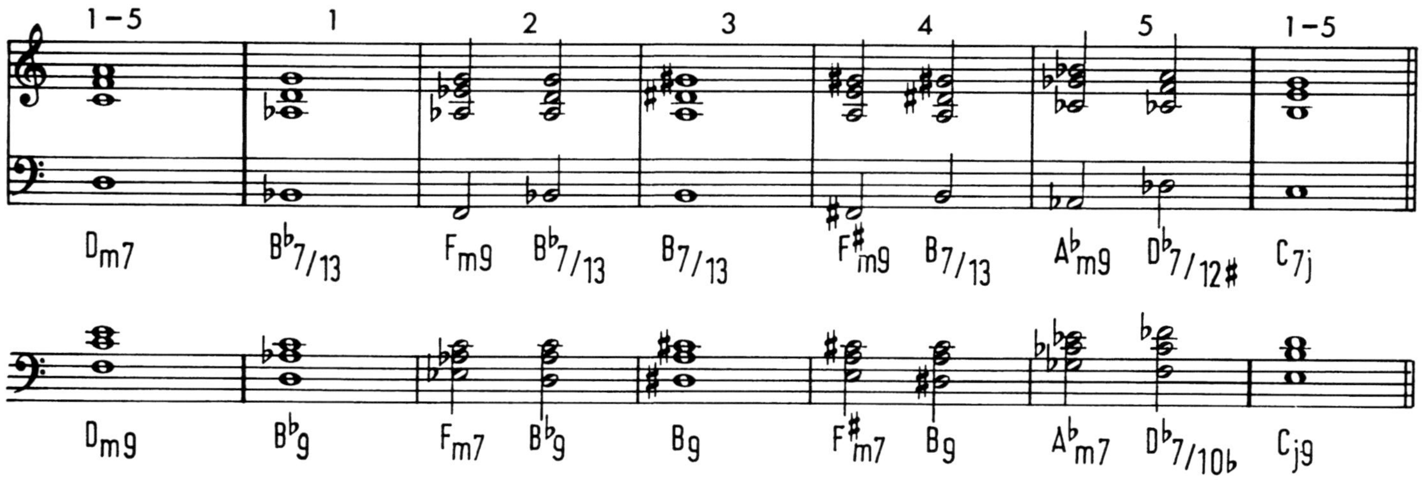

Üb. 49

Erweiterungen von II - V - I durch VI und III mit Substitutionen

	A_{m7} – D_{m7} – G_7 – C	VI – II – V – I
1.	– $A^{\flat}_{(m)7}$ –	
2.	– D_{m7} – $D^{\flat}_{7(j)}$ –	
3.	– $A^{\flat}_{(m)7}$ – $D^{\flat}_7$ –	
4.	$E^{\flat}_{(m)7}$ – D_{m7} – G_7 –	
5.	– $D^{\flat}_{7(j)}$ –	
6.	A_{m7} – D_7 – G_7 –	

	E_{m7} – A_{m7} – D_{m7} – G_7 – C	III – VI – II – V – I
1.	A_7	
2.	$E^{\flat}_{(m)7}$	

usw. ....

Üb.50

Mollkadenzen

1.			$D_{\varnothing}$ –	$G_{9\flat}$ –	$C_{m7(j)}$	II – V – I
2.			–	$G_{10\flat}$ } $G_{7/C}$ –		– V –
3.			–	$G_{7/13\flat}$ –		– V –
4.			–	$D^{\flat}_{7}$ –		– $_{\flat}II_{7}$ –
5.			$A^{\flat}_{7j}$ –	$G_{7/C}$ –		VI – II – I
6.		$A_{\varnothing}$ –	$D_{\varnothing}$ –			♯VI – II – V – I
7.		$E^{\flat}_{7j}$ –				III – II – V – I
8.		$A_{\varnothing}$ –	$A^{\flat}_{7j}$			♯VI – VI – V – I
9.	$A^{\flat}_{7j}$ –	$E^{\flat}_{7j}$ –	$D_{\varnothing}$ –			VI – III – II – V – I
10.			C_{m7} –	F_{m7} –	C_{m7}	I – IV – I

Üb. 51

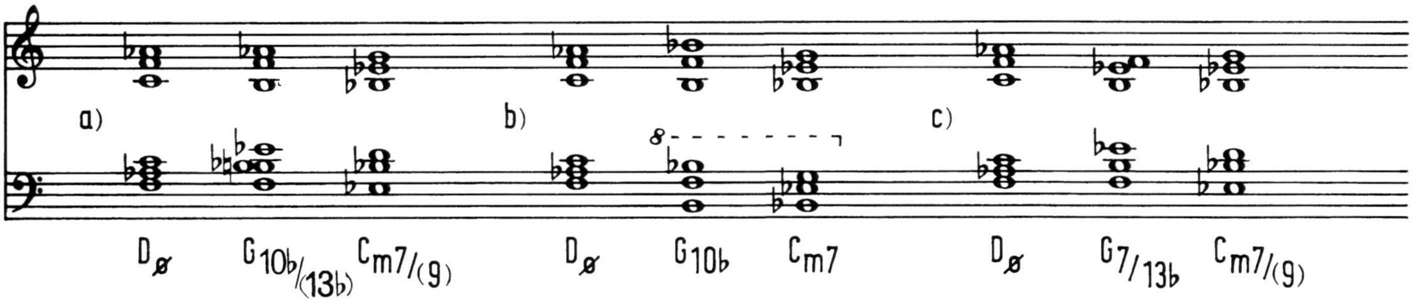

Üb. 52

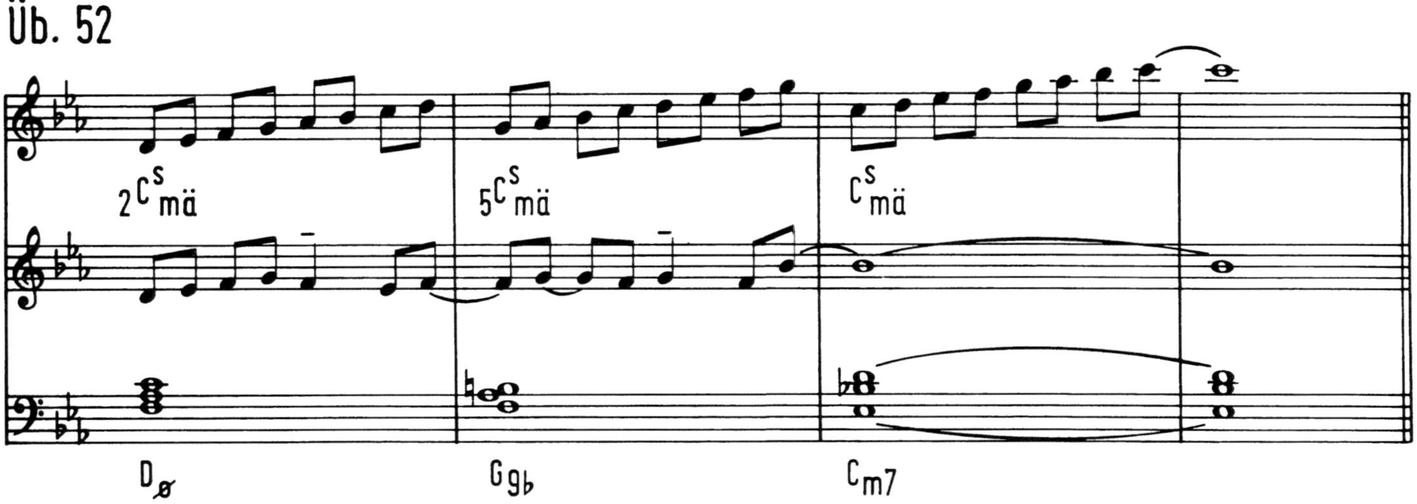

Den Übergang von einer Tonart oder key area oder von einem Zentralakkord/klang zum nächsten nennen wir M o d u l a t i o n . Im Jazz werden häufige Tonartwechsel innerhalb kurzer Zeit bevorzugt, daher gibt es keine langen Übergänge zwischen Tonarten (oft nur II-V oder auch nur V). Daneben auch oft direkter Übergang ohne Zwischenakkorde (spontane Modulation). Dies dürfte ein Einfluß der Jazzrhythmik mit ihren schnellen Bewegungen auf die Jazzharmonik sein.

Wir können im Jazz drei Hauptformen der Modulation unterscheiden. Beispiele dafür in Üb. 53. Um das Wesentliche hervorzuheben, haben wir nur die Primärformen der Akkorde mit maximal einem Farbton angegeben. Die Zentralakkorde haben wir mit einem Kreis markiert, die key areas sind durch Klammern gekennzeichnet.

1 **Vollständige Modulation**

Der neue Zentralakkord wird deutlich angesteuert und erreicht. Dies kann direkt oder mit Verzögerung (retardierend) geschehen.

2 **Unvollständige Modulation**

Der neue Zentralakkord wird deutlich angesteuert, aber nicht erreicht. Auch hier direkte und retardierende Form. Der A_{m7} im zweiten Beispiel fungiert als Angelpunkt (pivot chord). Er ist VI zu C und gleichzeitig II zu G, kann also bei der Melodiebildung verschieden behandelt werden.

3 **Spontane Modulation**

Kommt in Form eines plötzlichen direkten Übergangs von einer Tonart zu einer anderen vor oder als meist kurzzeitiger Wechsel, der zur Ausgangstonart zurückführt.

Dann gibt es die ebenfalls meist kurzzeitige Überlagerung einer key area durch eine andere.

Mehrere spontane Modulationen hintereinander nennen wir spontane Kettenmodulation. Tritt vor allem bei Septakkorden auf. Wir hören hier die Septakkorde als V und gleichzeitig als I. Kommt in verkürzter Form häufig im Blues vor. Durch Verwendung einer Bluestonleiter (in unseren Beispielen C^{S}_{BL}) wird die Bindekraft zwischen den Akkorden verstärkt.

Das Wiederholungszeichen mit 4 Punkten bedeutet vielfache Wiederholung. Die Zahl der Wiederholungen kann mit einer Ziffer angegeben werden.

Üb. 54 enthält einige der häufig vorkommenden Kopplungen zwischen Dur- und Mollkadenzen, die mit Modulationen verknüpft sind. Ein Sonderfall ist Nr. 1 (Ansteuern einer Moll-I, stattdessen kommt aber eine Dur-I). Wir nennen dies einen m o d a l i n t e r c h a n g e .

In Üb. 54, Nr. 3 haben wir die Stufenanalyse notiert. A_{m7} ist ein pivot chord. Wenn wir die Akkordfolge mündlich weitergeben, müssen wir noch zusätzlich die Zentralakkorde nennen. Wir sagen also: eins zu C, zwei-fünf zu A_m, sechs-zwei-fünf-eins zu C.

Üb. 55 enthält die im Jazz häufigsten Akkordverbindungen mit verminderten Akkorden, Üb. 57 dazu Notenbeispiele. Statt $C^{\#}_{o}$ wäre auch C_{m7} möglich.

Ob wir den verminderten Akkord als verkürzten Septakkord betrachten können ($C^{\#}_{o}$ als $G_{7/9\flat}$ ohne Grundton) ist fraglich. Denn die Zuordnung hängt vom Grundton ab, und wir wissen, daß Grundtöne im Jazz als zentrale Bezugstöne meist stark betont werden, was für das Ohr andere Verhältnisse schafft. Daher ordnen wir in der Regel verminderten und übermäßigen Akkorden den Baßton als Grundton zu.

Üb.53

1 Vollständige Modulation (Dur)

a direkt

$\textcircled{C}$ (F_{m7}) $B^{\flat}_7$ $\textcircled{E^{\flat}}$

b retardierend

$\textcircled{C}$ C_{m7} F_{m7} $B^{\flat}_7$ $\textcircled{E^{\flat}}$

$\textcircled{C}$ F F_{m7} $B^{\flat}_7$ $\textcircled{E^{\flat}}$

$\textcircled{C}$ $C^{\sharp}_{m7}$ $F^{\sharp}_7$ (B) F_{m7} $B^{\flat}_7$ $\textcircled{E^{\flat}}$ mit Zwischen - I

2 Unvollständige Modulation (Dur)

a direkt

$\textcircled{C}$ F_{m7} $B^{\flat}_7$

b retardierend

$\textcircled{C}$ A_{m7} D_7 (G) F_{m7} $B^{\flat}_7$ mit Zwischen - I

3 Spontane Modulation

a direkt

$\textcircled{C}$ $\textcircled{E^{\flat}}$

C_7 $D^{\flat}_7$ C_7

b als Überlagerung

D_{m7} $D^{\flat}_{7j}$ C Dur

E_{m7} $E^{\flat}_{m7}$ D_{m7} G_7 C Moll

D_{m7} $D^{\flat}_7$ C Sept

c Spontane Kettenmodulation

C_7 F_7 $B^{\flat}_7$ $E^{\flat}_7$ usw.

C_7 B_7 $B^{\flat}_7$ $E^{\flat}_7$ usw.

verkürzt

C_7 F_7 C_7 G_7 C_7

A_7 D_7 G_7 C_7

} Blues (Septkadenzen)

Üb. 54

Kopplung von Dur- und Mollkadenzen

1. $D_{ø}$ $G_{7/C}$ C

2. C $F\#_{ø}$ $B_{7/C}$ $E_{ø}$ $A_{7/C}$ D_{m7} G_7 C

3. C B_o $E_{7/C}$ A_{m7} D_{m7} G_7 C

I I' V' I'

VI II V I

Üb. 55

Akkordfolgen mit verminderten Akkorden

1. C $C\#_o$ (Eb_o) D_{m7}

2. C_7

3. C_{m7}

4. C $C\#_o$ D_{m7} $D\#_o$ E_{m7}

Üb. 56

Akkordfolgen mit übermäßigen Akkorden

1. D_{m7} G_+ C

2. C G_+ C

Üb. 57

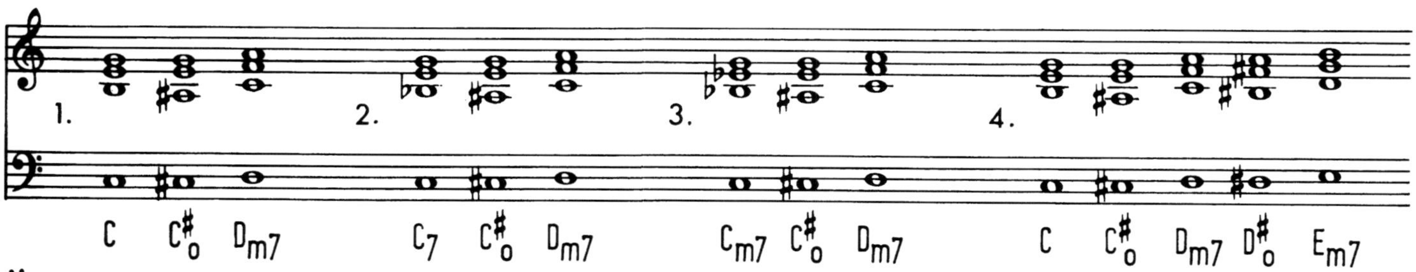

Üb. 58

Üb. 59

Üb. 60

a) E_7
A_7
D_7
G_7
b) $E_{7/13}$
$A_{7/10\flat}$
$D_{7/13}$
$G_{7/10\flat}$
c) E_9
A_7
$D_{7/11\sharp}$
G_9

Üb. 61

♩ = 104 - 138
double time ♩ = 72-112

Es gibt im Jazz nur wenige Akkordfolgen mit reinen übermäßigen Akkorden. Wir finden Beispiele in Üb. 56, Notenbeispiele dazu in Üb. 58. Mit Zusatztönen verlieren die übermäßigen Akkorde ihren typischen Charakter.

Unter harmonic line versteht man eine Folge langer Töne, die eine Akkordfolge verdeutlicht (pro Akkord ein Ton). Üb. 59 zeigt vier Möglichkeiten für eine II-V-I-Verbindung. Es werden Akkordtöne oder zusätzliche Farbtöne verwendet. Üb. 60 enthält drei Möglichkeiten bei einer kurzen Septkette in Quintfortschreitung (Mittelteil bei rhythm changes in C, siehe S. 76). Harmonic lines können von allen Melodieinstrumenten eines Ensembles unisono zu einem Solo oder auch alleine gespielt werden.

Überaus wichtig ist im Jazz die Beschäftigung mit Baßfiguren. Vor allem interessieren uns Ostinato und walkin' bass. Üb. 61 enthält eine Reihe von Ostinato-Figuren in verschiedenen Metren. Wir spielen sie am Klavier mit der linken Hand und bestimmen dazu mit zwei Tönen (meist einer Terz und einer Sept) in der rechten Hand die Primärform. Bei einer Reihe von Figuren gibt es hier mehrere Möglichkeiten. Wir können bei manchen Figuren auch zwei Akkorde in einem Takt fixieren.

Der walkin' bass besteht aus einer fortlaufenden Linie (nicht zweimal hintereinander derselbe Ton). Kommt ein neuer Akkord, so wird in diesem Moment vor allem Grundton oder Quint des neuen Akkordes gespielt. Stehen auf 1 und 3 in einem 4/4-Takt je ein Akkord, so gibt es für den Ton auf 2 vier Möglichkeiten, bezogen auf den Grundton des folgenden Akkordes:

1. Halbton (↓)
2. Halbton (↑)
3. Ganzton (↓)
4. Ganzton (↑)

Entsprechendes gilt für die 4, wenn auf der nächsten 1 wieder ein neuer Akkord steht. Die verschiedenen Bewegungen lassen sich miteinander kombinieren, so daß sich insgesamt 12 Durchgänge ergeben (Üb. 62). Üb. 63 enthält Baßdurchgänge für unsere Kombinationsketten. In Üb. 64 sehen wir, wie ein Akkord durch eine andere Baßlinie umgedeutet wird.

Üb. 62 Walkin' Bass

Üb. 63

Üb. 64

Umdeutung von Akkorden durch eine andere Baßlinie

6 WEITERE AKKORDKETTEN UND KADENZEN

Üb. 65 enthält einige weitere Grundketten, Üb. 66 eine Reihe von Kombinationsketten. Wir spielen sie, wie auch die folgenden Kadenzen, in verschiedenen voicings und probieren zusätzliche Farbtöne aus. Soweit die Akkorde ausschließlich in der linken Hand liegen, improvisieren wir rechts dazu.

Ein gründliches Studium dieser Akkordfolgen ist sehr lohnend; wir werden dabei interessante Klangerfahrungen machen.

Abb. 18 stellt ein Terzenraster dar, aus dem wir alle Mediantenbewegungen ablesen können (vgl. Abb. 16, Nr. 6), ferner Medianten plus vorgeschalteter V (wie z. B. in „Giant Steps", siehe Üb. 67f) und alle Terzschichtungen (immer von unten nach oben lesen).

Üb. 65

Grundketten

C_{7j} $A^{\flat}_{7j}$ B_{7j} G_{7j} usw.

C_{m7} $E^{\flat}_{m7}$ $D^{\flat}_{m7}$ E_{m7} usw.

C_7 $G^{\flat}_7$ F_7 B_7 usw.

Üb. 66

Kombinationsketten

C_{m7} F_7 | F_{m7} $B^{\flat}_7$ | $B^{\flat}_{m7}$ $E^{\flat}_7$ | usw.

C_{m7} F_7 | $D^{\flat}_{m7}$ $G^{\flat}_7$ | D_{m7} G_7 | usw.

C_{m7} F_7 | $F^{\sharp}_{m7}$ B_7 | $B^{\flat}_{m7}$ $E^{\flat}_7$ | usw.

C_{m7} F_7 | E_7 | $D^{\flat}_{m7}$ $G^{\flat}_7$ | F_7 | usw.

C_{7j} | $C^{\sharp}_{m7}$ $F^{\sharp}_7$ | $D^{\flat}_{7j}$ | D_{m7} G_7 | usw.

C_{7j} $G^{\flat}_7$ | B_{7j} F_7 | $B^{\flat}_{7j}$ E_7 | usw.

C_7 | F | $B^{\flat}_7$ | $E^{\flat}$ | usw.

C_7 | B | $B^{\flat}_7$ | A | usw.

Abb. 18

Terzenraster

C	A	G♭	E♭	C
A♭	F	D	B	A♭
E	D♭	B♭	G	E
C	A	G♭	E♭	C

Üb. 67

Kadenzen

a Durkadenzen

Quintfortschreitungen
(kombiniert mit anderen)

C (E_7) A_7 D_7 G_7 C

C D_7 D_{m7} G_7 C

C_{m7} F_7 $F^{\sharp}_{m7}$ B_7 C

* $E^{\flat}_{m7}$ $A^{\flat}_7$ C

Dur-diatonische Fortschreitungen
(kombiniert mit anderen)

C D_{m7} E_{m7} $E^{\flat}_{m7}$ D_{m7} $D^{\flat}_7$ C

C D_{m7} E_{m7} F_{m7} E_{m7} A_7 D_{m7} G_7 C

C D_{m7} E_{m7} A_7 D_{m7} G_7 C

C $C^{\sharp}_{o}$ D_{m7} G_7 C

C $C^{\sharp}_{o}$ D_{m7} $D^{\sharp}_{o}$ E_{m7} A_7 D_{m7} G_7 C

Fortschreitung mit IV. Stufe

C (C_7) F F_{m7} C — älter

$B^{\flat}_7$ — neuer

C A_{m7} F_{m7} C

* $G^{\flat}_{m7}$ F_7 C

C G_7 F_7 C

C E_7 F C

Fortschreitungen mit Ganztonschritten

C $B^{\flat}_7$ $A^{\flat}_7$ G_7 C

$D^{\flat}_7$

$G^{\flat}_7$ G_7

$G^{\flat}_7$ F_7

$G^{\flat}_7$ $B^{\flat}_7$

C $B^{\flat}_7$ C

C D_7 C

C A_{m7} $B^{\flat}_7$ C

Besonderheiten

A $D^{\flat}_{m7}$ C

A_{m7} B_{m7} C

$E^{\flat}_{m7}$ D_7 C

C D F C

C F $B^{\flat}$ $E^{\flat}$ D_m G_7 C

E_{m7} F_7 C

$F^{\sharp}_{m7}$ G_7 C

C $A^{\flat}$ D $B^{\flat}$ E C

C_{7j} C_7 C_{m7} $C_{ø}$ C_o C_6
(Grundton bleibt liegen)

---

* kann als Muster für ähnliche Bildungen dienen; der Zusammenhalt wird durch die aus der II-V-I-Verbindung geläufige Klangfolge Moll 7-Sept-Dur hergestellt.

b Mollkadenzen

C_{m7} $B^{\flat}_{m7}$ C_{m7}

C_{m7} $A^{\flat}_{m7}$ C_{m7}

c Septkadenzen

(C_7) A_7 D_7 G_7 (C_7)

(C_7) F_7 (C_7)

$B^{\flat}_7$

$A^{\flat}_7$

G_7 F_7

(C_7) B_7 $B^{\flat}_7$ A_7 $A^{\flat}_7$ G_7 (C_7)

(C_7) $B^{\flat}_7$ $A^{\flat}_7$ G_7 (C_7)

d Ersatz der I bei II-V-I

D_{m7} G_7 C

A_{m7}

A_7

$E_{m7}A_{(m)7}$

$E_7A_{(m)7}$

$E^{\flat}_7$

$E^{\flat}_{m7}$

$C^{\sharp}_{o}$

e Rockkadenzen

C D F C

C ($A^{\flat}$ $E^{\flat}$) $B^{\flat}$ F C

C F C

C $B^{\flat}$ C

C G C

C G_m C

C $E^{\flat}$ F C

C $B^{\flat}$ F C

C_m $B^{\flat}_m$ $A^{\flat}$ G C

A_m G F E_m

immer mit Orgelpunkt c

f **Coltrane-Kadenz**

Kadenz (kürzeste Form)

B D_7 | G $B^\flat_7$ | $E^\flat$ ($F^\sharp_7$) ‖

Giant Steps

B D_7 | G $B^\flat_7$ | $E^\flat$ | A_{m7} D_7 |
I V' I' V'' I'' II' V'

G $B^\flat_7$ | $E^\flat$ $F^\sharp_7$ | B | F_{m7} $B^\flat_7$ |
I' V'' I'' V I II'' V''

$E^\flat$ | A_{m7} D_7 | G | $C^\sharp_{m7}$ $F^\sharp_7$ |
I'' II' V' I' II V

B | F_{m7} $B^\flat_7$ | $E^\flat$ | $C^\sharp_{m7}$ $F^\sharp_7$ ‖
I II'' V'' I'' II V

Tune. up

E_{m7} | A_7 | D | D |
D_{m7} | G_7 | C | C |
C_{m7} | F_7 | $B^\flat$ | $B^\flat$ |
E_{m7} | A_7 | D | $E_{m7}A_7$ ‖

Countdown

$E_{m7}F_7$ | $B^\flat$ $D^\flat_7$ | $G^\flat$ A_7 | D |
$D_{m7}E^\flat_7$ | $A^\flat B_7$ | E G_7 | C |
$C_{m7}D^\flat_7$ | $G^\flat A_7$ | D F_7 | $B^\flat$ |
E_{m7} | F_7 | $B^\flat$ | $E^\flat_7$ ‖

Kopplung mit II - V - I

D_{m7} | G_7 | C | C ‖
$D_{m7}E^\flat_7$ | $A^\flat B_7$ | E G_7 | C ‖

Üb.68

$B^\flat_7$ | G_7 | E_7 | $E^\flat_7 D^\flat_7$ ‖

In Üb. 67 finden wir eine Zusammenstellung weiterer Kadenzen. Bei den Septkadenzen (Üb. 67c) ist der Zentralakkord mit einem Kreis markiert. Zur harmonischen Analyse vgl. Üb. 94. Die Rockkadenzen in Üb. 67e verwenden einfache Dreiklänge ohne zusätzlichen Farbton; allerdings entstehen durch den Orgelpunkt c (siehe unten), der auch als Ostinato rhythmisiert sein kann, zum Teil komplexere Zusammenklänge. Wie wir an einigen Beispielen sehen, kommen bei Rockkadenzen auch Quintfortschreitungen im Uhrzeigersinn vor.

Die Coltrane-Kadenz (Üb. 67f) besteht aus V-I-Verbindungen in großen Terzen abwärts, wobei der Wechsel jeweils in der Taktmitte erfolgt. John Coltrane hat diesen Gedanken in verschiedenen Stücken angewendet, z. B. in seinem eigenen „Giant Steps" (erweitert auf 16 Takte) und in „Countdown", das von den Harmonien von „Tune Up" (Miles Davis) abgeleitet ist, aber auch in standards wie „But not for me" (George Gershwin) und „Body and Soul" (Johnny Green).

Die Akkordfolge in Üb. 68 besteht aus kleinen Terzen abwärts mit einem Zwischenakkord ($E^{\flat}_{7}$). Albert Mangelsdorff verwendet diese Kadenz als harmonische Grundlage für eines seiner Solostücke.

Wir können aus den bisher besprochenen Kadenzen weitere gewinnen, indem wir Teile von Kadenzen zu neuen Kombinationen zusammenfügen.

Im folgenden sind noch einige weitere wichtige Begriffe zusammengestellt:

Transposition Übertragung einer Melodie oder einer Akkordfolge in eine andere Tonart, nicht nur schriftlich, sondern auch spontan mit dem Instrument. Letztere Fähigkeit müssen wir immer wieder üben.

Sequenz Wiederholung einer Melodie oder einer Akkordfolge auf einer höheren oder tieferen Stufe einer Skala (meist im Halb- oder Ganztonabstand).

Rückung Parallelverschiebung eines Akkordes nach oben oder nach unten (meist um einen Halb- oder Ganzton).

Pattern Rhythmisch-melodische kurze Struktur (meist aus Achtel- oder Sechzehntelnoten bestehend). Als Übungsmaterial werden patterns in Form einer Sequenz oder Rückung durch alle Tonarten geschleust.

Orgelpunkt Ausgehaltener langer Ton in tiefer Lage unter melodischen und/oder harmonischen Bewegungen. Kann als Improvisationsgrundlage zum „Ausbrechen" aus gewohnten harmonischen Beziehungen führen. Im Free Jazz auch drone genannt.

Chorus Formteil eines Stückes, gegeben durch eine sich periodisch wiederholende Akkordfolge, die meist im Prinzip der des Themas entspricht und die als harmonische Basis des Stückes für das Arrangement wie für die Improvisation dient.

Auf S. 57 und 58 haben wir die wichtigsten Akkordketten und Kadenzen zusammengefaßt. Sie bilden die Basis für harmonische Übungen vielfältiger Art: spielerischer Umgang mit verschiedenem Akkordmaterial in verschiedenen Tempi und Taktarten / Improvisation darüber / Arpeggien / Patterns usw. Bei den Akkordketten haben wir noch die Mediantenbewegungen hinzugefügt (nicht alle Möglichkeiten). Der Pfeil ⇄ bedeutet, daß wir die betreffenden Ketten auch von rechts nach links spielen.

Akkordketten (Zusammenfassung)

a **Grundketten**

C	F	$B^{\flat}$	usw.		
	B		usw.	↩	
	–		usw.	↩	
C_{m7}	F_{m7}	$B^{\flat}_{m7}$	usw.		
	B_{m7}		usw.	↩	
	–		usw.	↩	
C_{7}	F_{7}	$B^{\flat}_{7}$	usw.		
	B_{7}		usw.	↩	
	–		usw.	↩	

$D^{\flat}$	B	A	usw.	↩
$D^{\flat}_{m7}$	B_{m7}	A_{m7}	usw.	↩
$D^{\flat}_{7}$	B_{7}	A_{7}	usw,	↩

C	A	$G^{\flat}$	$E^{\flat}$	C	↩
C_{m7}	A_{m7}	$G^{\flat}_{m7}$	$E^{\flat}_{m7}$	C_{m7}	↩
C_{7}	A_{7}	$G^{\flat}_{7}$	$E^{\flat}_{7}$	C_{7}	↩

C	$A^{\flat}$	E	C	↩
C_{m7}	$A^{\flat}_{m7}$	E_{m7}	C_{m7}	↩
C_{7}	$A^{\flat}_{7}$	E_{7}	C_{7}	↩

b **Kombinationsketten**

C_{m7}	F_{7}	$B^{\flat}$	$B^{\flat}_{m7}$	$E^{\flat}_{7}$	$A^{\flat}$	usw.
	B_{7}			A_{7}		usw.
$C^{\sharp}_{m7}$	$F^{\sharp}_{7}$	B	B_{m7}	E_{7}	A	usw.
	C_{7}			$B^{\flat}_{7}$		usw.

C_{m7}	F_{7}	$B^{\flat}_{m7}$	$E^{\flat}_{7}$	usw.
	B_{7}		A_{7}	usw.
$C^{\sharp}_{m7}$	$F^{\sharp}_{7}$	B_{m7}	E_{7}	usw.
	C_{7}		$B^{\flat}_{7}$	usw.

C_{m7}	F_{7}	B_{m7}	E_{7}	$B^{\flat}_{m7}$	$E^{\flat}_{7}$	usw.

Kadenzen (Zusammenfassung)

a 7 Hauptkadenzen

D_{m7}	G_{7}	C
	$D^{\flat}_{7}$	
D_{m7}	G_{7}	|
	$D^{\flat}_{7}$	|
G_{7}	C	
$D^{\flat}_{7}$	C	
C	F	C

b Erste Subst. von II - V - I

D_{m7}	G_{7}	C
	$D^{\flat}_{7}$	
$A^{\flat}_{m7}$	G_{7}	C
D_{m7}	G_{7}	$G^{\flat}$
D_{7}	G_{7}	C
	$D^{\flat}_{7}$	
$A^{\flat}_{7}$	G_{7}	C
	$D^{\flat}_{7}$	
D_{m7}	$D^{\flat}$	C

c Weitere Subst. von II - V - I

D_{m7}	G_{7}	C
	$B^{\flat}_{7}$	
	$F_{m7}B^{\flat}_{7}$	
	B_{7}	
	$F_{m7}B_{7}$	
	$A^{\flat}_{m7}D^{\flat}_{7}$	

d Septkadenzen

C_{7}	A_{7}	D_{7}	G_{7}	C_{7}
C_{7}	F_{7}	C_{7}		
	$B^{\flat}_{7}$			
	$A^{\flat}_{7}$			
	$G_{7}(F_{7})$			

e Erw. von II - V - I durch VI und III mit Subst.

	A_{m7}	D_{m7}	G_{7}	C
		$A^{\flat}_{(m)7}$		
		D_{m7}	$D^{\flat}_{7(j)}$	
		$A^{\flat}_{(m)7}$	$D^{\flat}_{7}$	
	$E^{\flat}_{(m)7}$	D_{m7}	G_{7}	C
			$D^{\flat}_{7(j)}$	
	A_{m7}	D_{7}	G_{7}	C
E_{m7}	A_{m7}	D_{m7}	G_{7}	C
	A_{7}			
	$E^{\flat}_{(m)7}$			
	usw.			

f Mollkadenzen

		$D_{\varnothing}$	$G_{9\flat}$	$C_{m7(j)}$
			$G_{10\flat}$	} $G_{7/C}$
			$G_{13\flat}$	
			$D^{\flat}_{7}$	
		$A^{\flat}_{7j}$	$G_{7/C}$	
	$A_{\varnothing}$	$D_{\varnothing}$		
	$E^{\flat}_{7j}$			
	$A_{\varnothing}$	$A^{\flat}_{7j}$		
$A^{\flat}_{7j}$	$E^{\flat}_{7j}$	$D_{\varnothing}$		
		C_{m7}	F_{m7}	C_{m7}

g Coltrane-Kadenz

B D_{7} | G $B^{\flat}_{7}$ | $E^{\flat}$ ($F^{\sharp}_{7}$) ||

D_{m7} $E^{\flat}_{7}$ | $A^{\flat}$ B_{7} | E G_{7} | C ||

$B^{\flat}_{7}$ | G_{7} | E_{7} | $E^{\flat}_{7}D^{\flat}_{7}$ ||

7 AKKORDMATERIAL 4

Die Üb. 69, 71 und 73 enthalten Akkorde, die über dem Grundton (im Baß) eine Sept oder eine Dezim haben. Dezimenakkorde spielten schon im Swing eine große Rolle; sie klingen sehr voll, sind aber nicht leicht zu greifen (die kleinen Dezimen bei durchschnittlicher Handgröße alle, von den großen Dezimen zumindest c_0-e_1, f_0-a_1, g_0-b_1). In Üb. 70, 72 und 74 finden wir zu diesem Material II-V-I-Verbindungen.

In Üb. 75 - 77 erweitern wir unser dreistimmiges Material „ohne" Grundton um jeweils einen Ton; dabei kommen auch Verdopplungen vor. Die Übungen sind Schritt für Schritt aufgebaut; man spiele z. B. Üb. 75a, 76a und 77a hintereinander und studiere Struktur und Klang.

In Üb. 75d schreiben wir oben $g^{\flat}$ und nicht $f^{\sharp}$, da der Akkord sonst $F_{9/8\sharp}$ heißen müßte, eine völlig ungewöhnliche Bezeichnung.

Wir schreiben bei Üb. 75a und b die gleichen Akkordsymbole, da das Tonmaterial dasselbe ist, wenn auch in verschiedener Lage. Es wäre zu umständlich, und es ist auch unüblich, hier beim Akkordsymbol einen Unterschied zu machen.

Mit Blockakkorden, wie sie am Klavier zuerst Milt Buckner und George Shearing verwendet haben, werden Melodien harmonisiert. Jeder Melodieton wird eine Oktave tiefer verdoppelt und der Zwischenraum mit drei Akkordtönen ausgefüllt (Beispiel Üb. 78). So entsteht ein enges fünfstimmiges Akkordgefüge. Die linke Hand spielt den unteren Melodieton, die rechte die übrigen vier Töne. Der enge fünfstimmige Saxophonsatz, der in Big-Band-Arrangements verwendet wird, ist ebenso aufgebaut.

Natürlich sind die Möglichkeiten, Akkorde und Akkordverbindungen entsprechend den Üb. 69 - 78 zu bilden, noch um ein Vielfaches größer. Doch hätte es wenig Sinn, nun Seite um Seite mit weiteren Beispielen zu füllen. Das ist nicht Aufgabe dieser Arbeit, in der es um die Darstellung von Wesentlichem und Charakteristischem geht. Ich hoffe auch, daß die gewählten Beispiele Neugierde und Phantasie wecken, selbst nach weiteren Formen zu suchen.

Üb. 79 und 80 enthalten Grund- und Kombinationsketten mit Akkorden 1 - 4, die wir durch Hinzufügung eines Tones zu unseren Akkorden 1 - 3 (vgl. mit Üb. 34 und 35) erhalten. In Üb. 81 wird dieses Material zusammengefaßt. Durch Hinzufügung einer Quint über oder unter dem Grundton erhalten wir sechsstimmige Akkorde (Üb. 82). Weitere Akkorde 1 - 4 finden wir in Üb. 83. Üb. 84 enthält dazu II - V - I - Verbindungen.

Nehmen wir nun, wie in Kapitel 5 bei den Akkorden 1 - 3, die oberen Töne von Üb. 79 und 80 in die linke Hand, so erhalten wir vierstimmige Begleitakkorde für Improvisationen der rechten Hand, die in Üb. 85 zusammengefaßt sind. Die Septakkorde sind wieder doppeldeutig. In Üb. 86 finden wir zu diesem Material II - V - I - Verbindungen.

Natürlich sind vierstimmige Akkorde nicht immer besser als dreistimmige. Durchsichtigkeit und Klangfülle — beides positive Faktoren — sind die Pole, die unsere Entscheidung beeinflussen, welchen Akkordtyp wir verwenden.

T u r n a r o u n d s (oder turnbacks) sind harmonische Übergänge vom Ende einer Akkordfolge zurück zum Anfang (zumeist zwei- oder viertaktig). Sie werden vor allem von den Harmonieinstrumenten eines Ensembles improvisierend eingesetzt, um harmonische Abwechslung zu schaffen. Sie verdeutlichen zudem das Ende der Akkordfolge und wirken für den gerade improvisierenden Solisten stimulierend.

Beispiele gibt Üb. 87 (wieder nur Primärformen mit max. einem Farbton). Wir teilen die turnarounds nach dem Zielakkord (dem ersten Akkord nach dem turnaround) ein. Bei einem Thema beginnt der turnaround häufig mit dem letzten Melodieton.

Auch alle anderen bisher besprochenen Kadenzen können als turnarounds verwendet werden.

Vamps bestehen aus der ständigen Wiederholung eines Akkordes oder einer kurzen Akkordfolge bis zu einem Handzeichen (cue) oder dem spontanen Einsatz eines Solisten. Alle kurzen turnarounds sind als vamps verwendbar, wenn der Anschluß stimmt.*)

Intros sind Einleitungen zu einem Stück, meist 4 oder 8 Takte lang, die häufig improvisiert werden. Sie haben verschiedene Aufgaben:

1. Ein Tempo „zu setzen"
2. Auf eine Tonart vorzubereiten
3. Auf eine Melodie vorzubereiten
4. Eine bestimmte Stimmung zu erzeugen
5. Auf eine Akkordfolge vorzubereiten
6. Spannung zu erzeugen

Es kann auch eine intro gespielt werden, ohne daß die Musiker sich schon im klaren sind, welches Stück folgen wird (intro als vamp). Eine intro sorgt in einem Konzertprogramm für Abwechslung, wenn vorher Stücke ohne intro gespielt wurden.

Alle turnarounds sind auch als intros zu verwenden, wenn der Anschluß stimmt. Häufig werden Kadenzkopplungen verwendet (Üb. 88). In Üb. 89 finden wir eine der typischen intros von Count Basie. Eine Quint zum Zentralakkord dient als Orgelpunkt (häufig bei intros, turnarounds und vamps).

Endings (Codas) sind Schlußwendungen von Stücken. Sie können

1. einem Stück einen definierten Schluß geben (im Gegensatz zum unbestimmten oder offenen Schluß)
2. einen Höhepunkt schaffen
3. im Gegensatz dazu Spannung abbauen

Zumindest alle turnarounds mit Zielakkord I sind auch als endings verwendbar. Mitunter wird auch die intro eines Stückes zugleich als ending benützt.

Besondere Formen von endings:

1. Ritardando (eventuell mit einer oder mehreren Fermaten gekoppelt)
2. double meter (siehe „Grundlagen der Jazzrhythmik", S. 21)
3. Tempohalbierung (half tempo)
4. Wiederholung von Takten, eventuell mit gleichzeitigem Sequenzieren
5. Tag (siehe unten)

Tags sind endings, bei denen eine kurze Kadenz vielfach wiederholt wird mit gleichzeitiger Improvisation eines Solisten, was zu einer erneuten Steigerung führt. Dazu eignen sich vor allem turnarounds ohne I. Häufigster Fall:

E_{m7} A_7 | D_{m7} G_7 :‖

$E^{\flat}_7$ $D^{\flat}_7$

*) Vamps laufen häufig über einem Pedalton (Grundton oder Quint).

Üb. 69 Akkorde 2-2 (Grundton + Sept oder Grundton + Dezim im Baß)

Üb. 70 II–V–I

Üb. 71 Akkorde 2-3 (wie oben)

Üb. 72 II–V–I

Üb. 73 Akkorde 2-4 (wie oben)

Üb. 74 II–V–I

Üb. 75 Akkorde 3-1 (Terz oder Sept im Baß)

Septketten in Quintfortschreitung

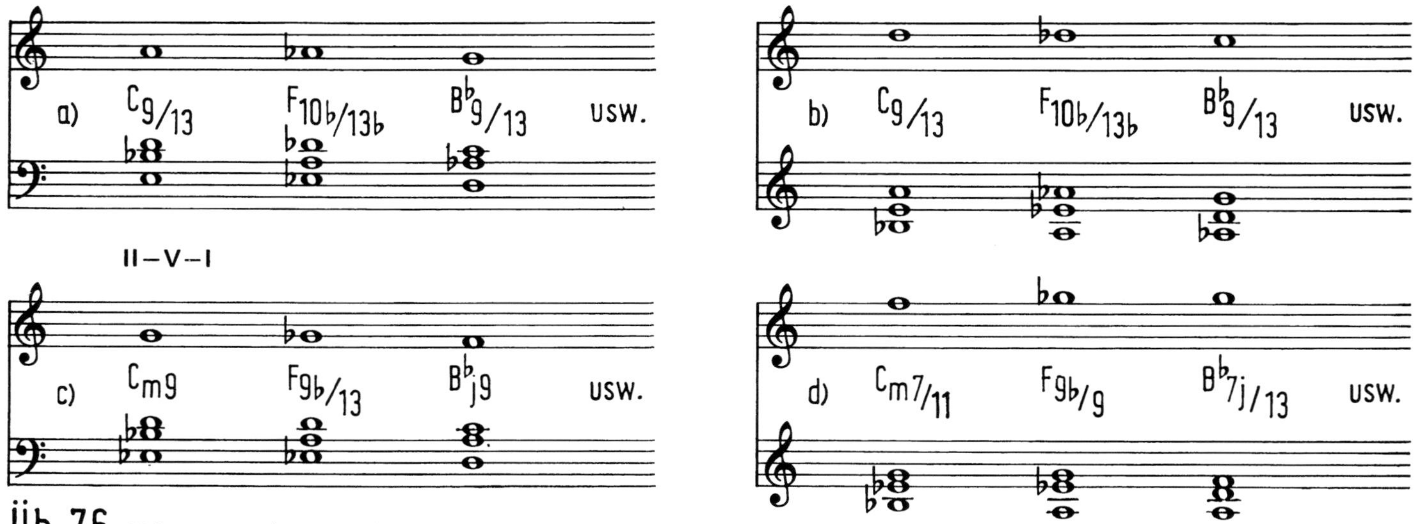

Üb. 76 Akkorde 3-2 (wie oben)

Septketten in Quintfortschreitung

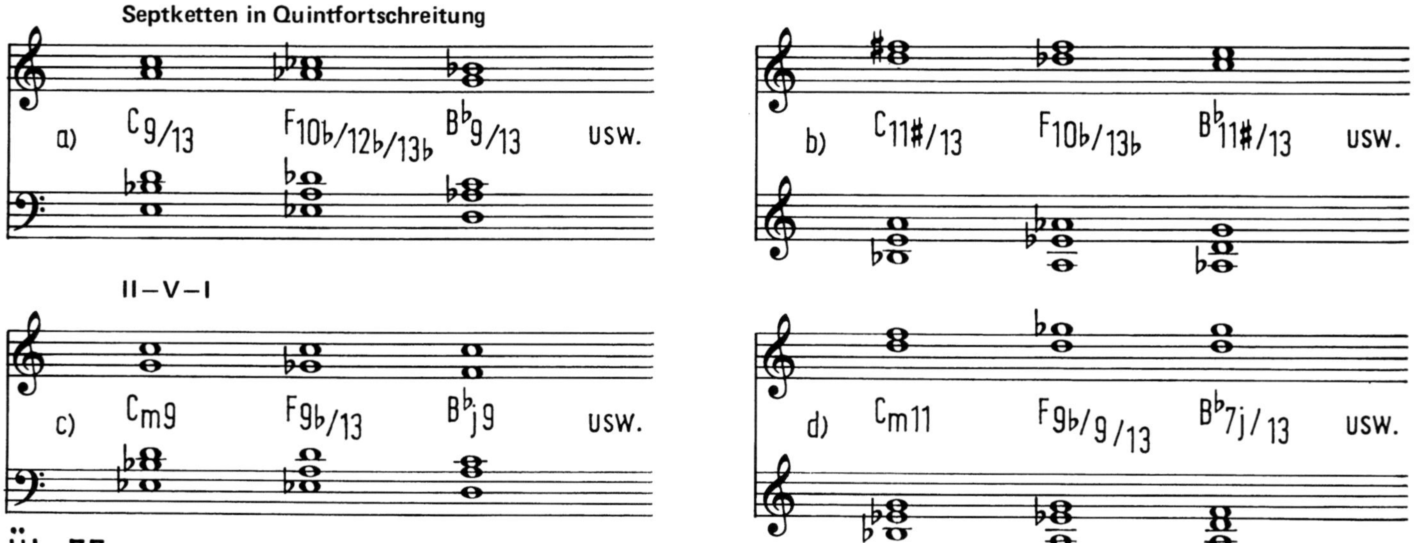

Üb. 77 Akkorde 3-3 (wie oben)

Septketten in Quintfortschreitung

Üb. 78

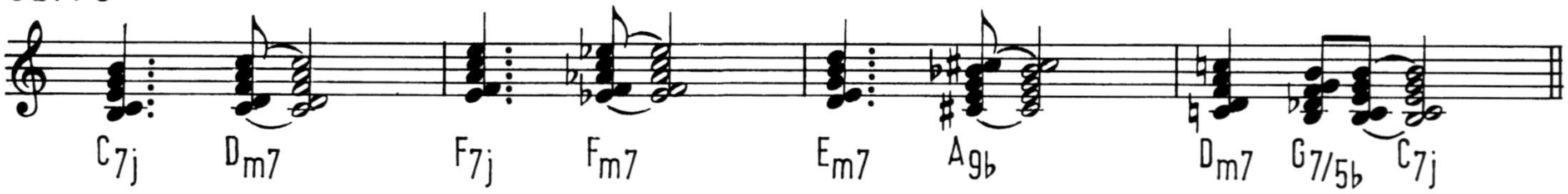

Üb. 79

Grundketten (Akkorde 1-4)

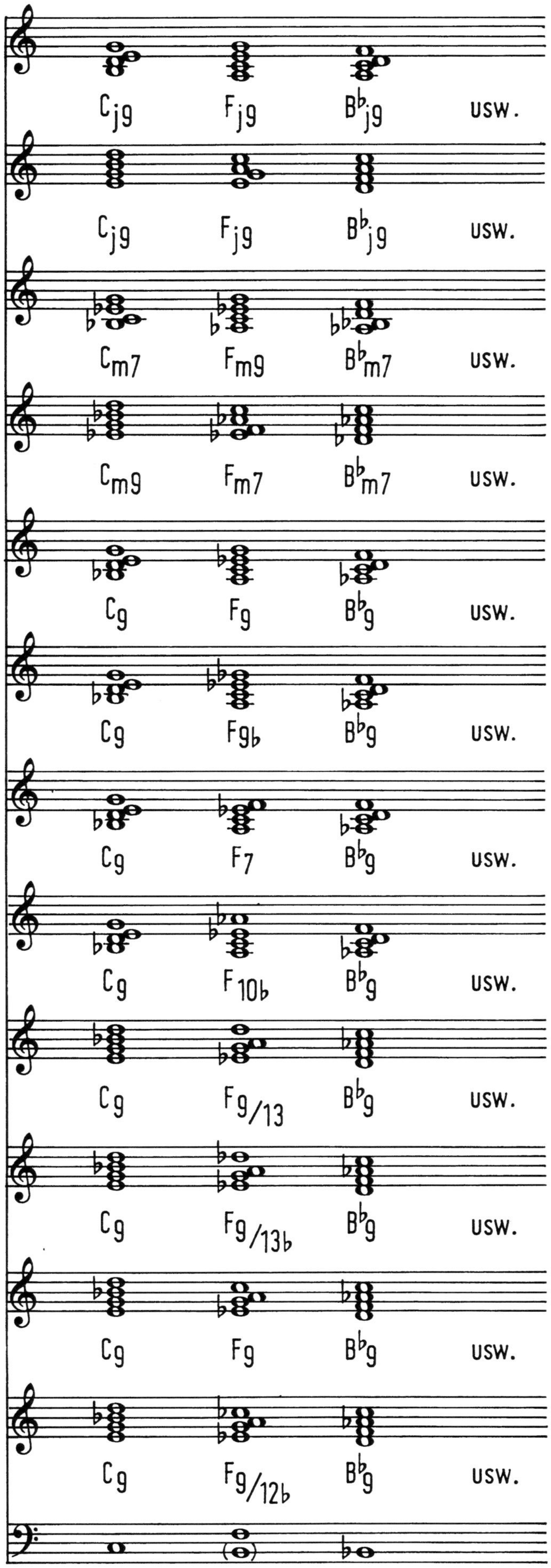

Üb. 80

Kombinationsketten (Akkorde 1-4)

Üb. 81

Zusammenfassung des Akkordmaterials 1-4

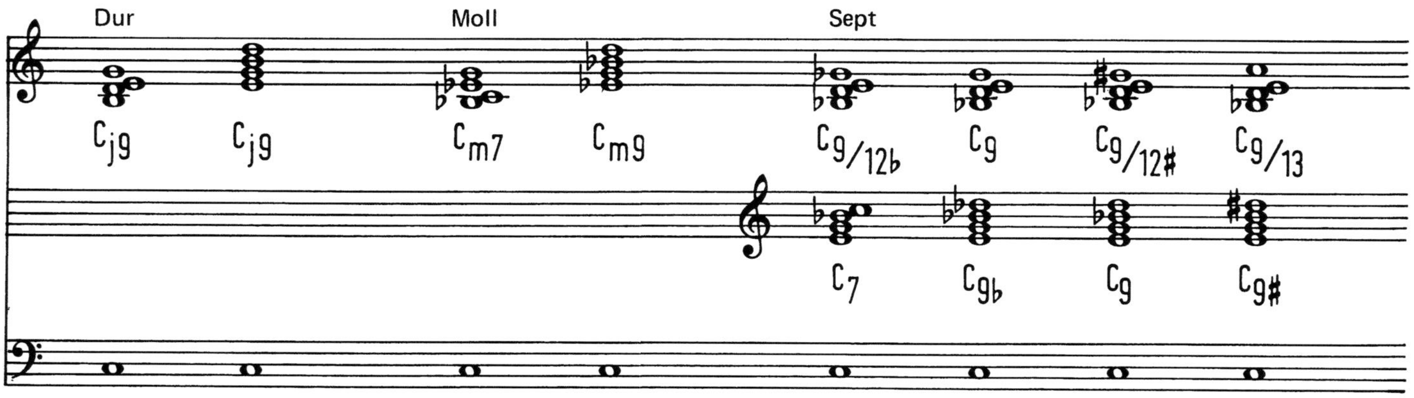

Üb. 82

1 + 5 oder 5 + 1 im Baß

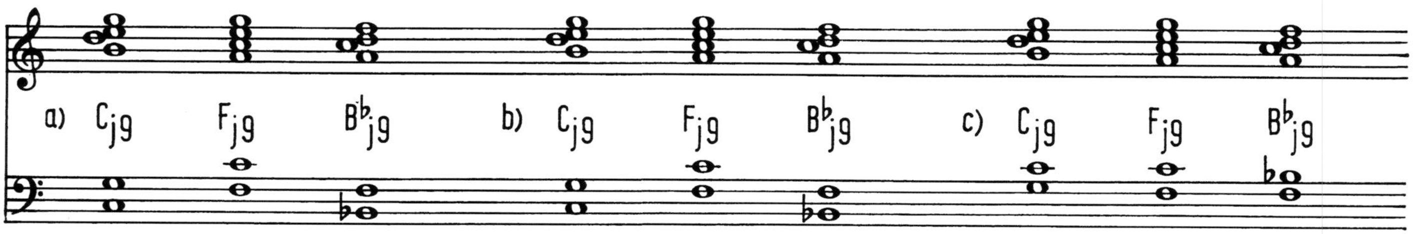

Üb. 83

Weitere Akkorde 1-4

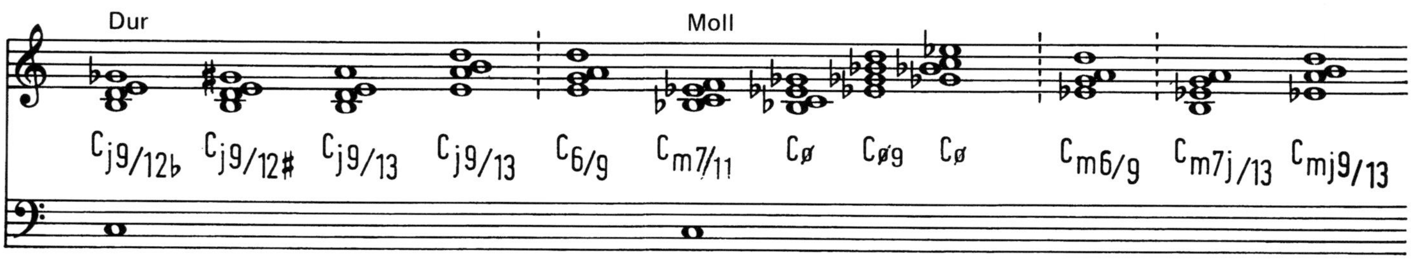

Üb. 84

II–V–I

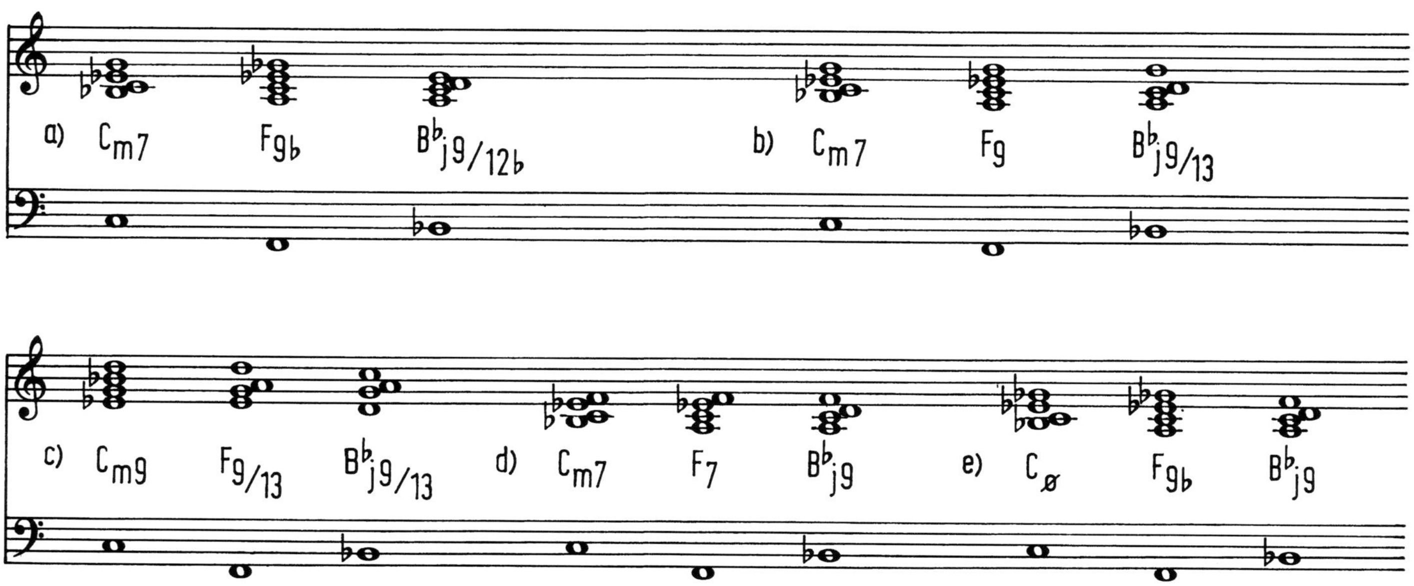

Üb. 85

Akkorde 4-0 (Terz oder Sept im Baß)

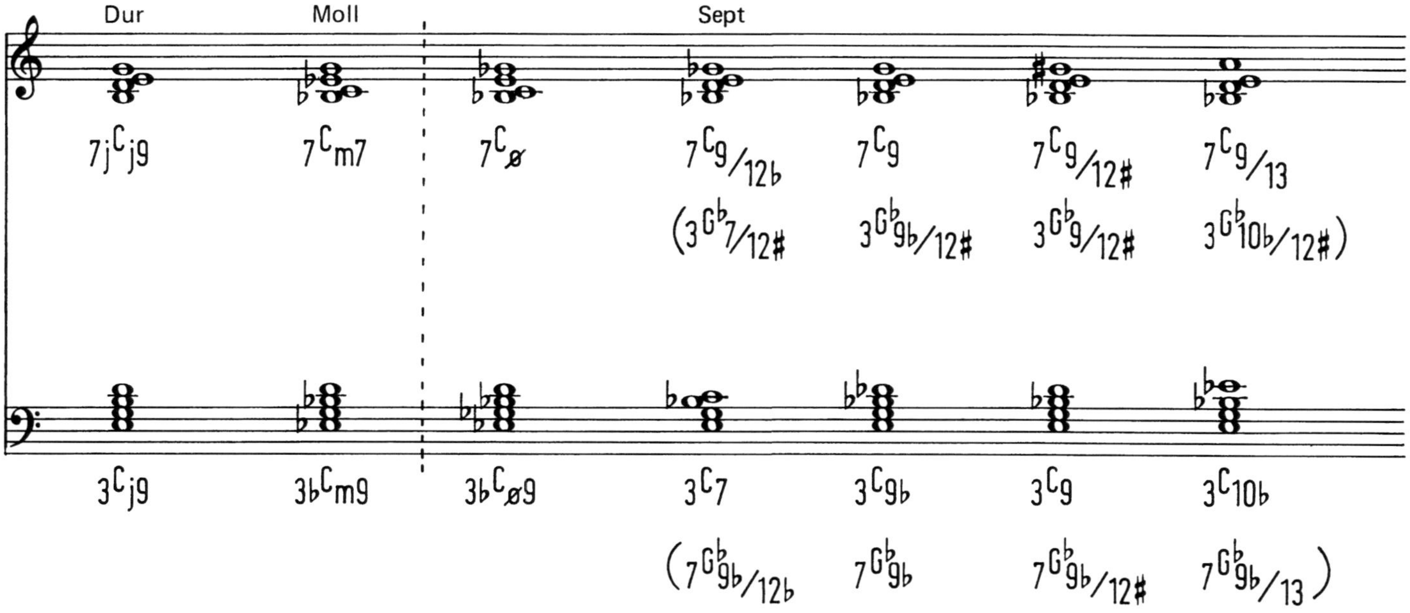

Üb. 86

II–V–I

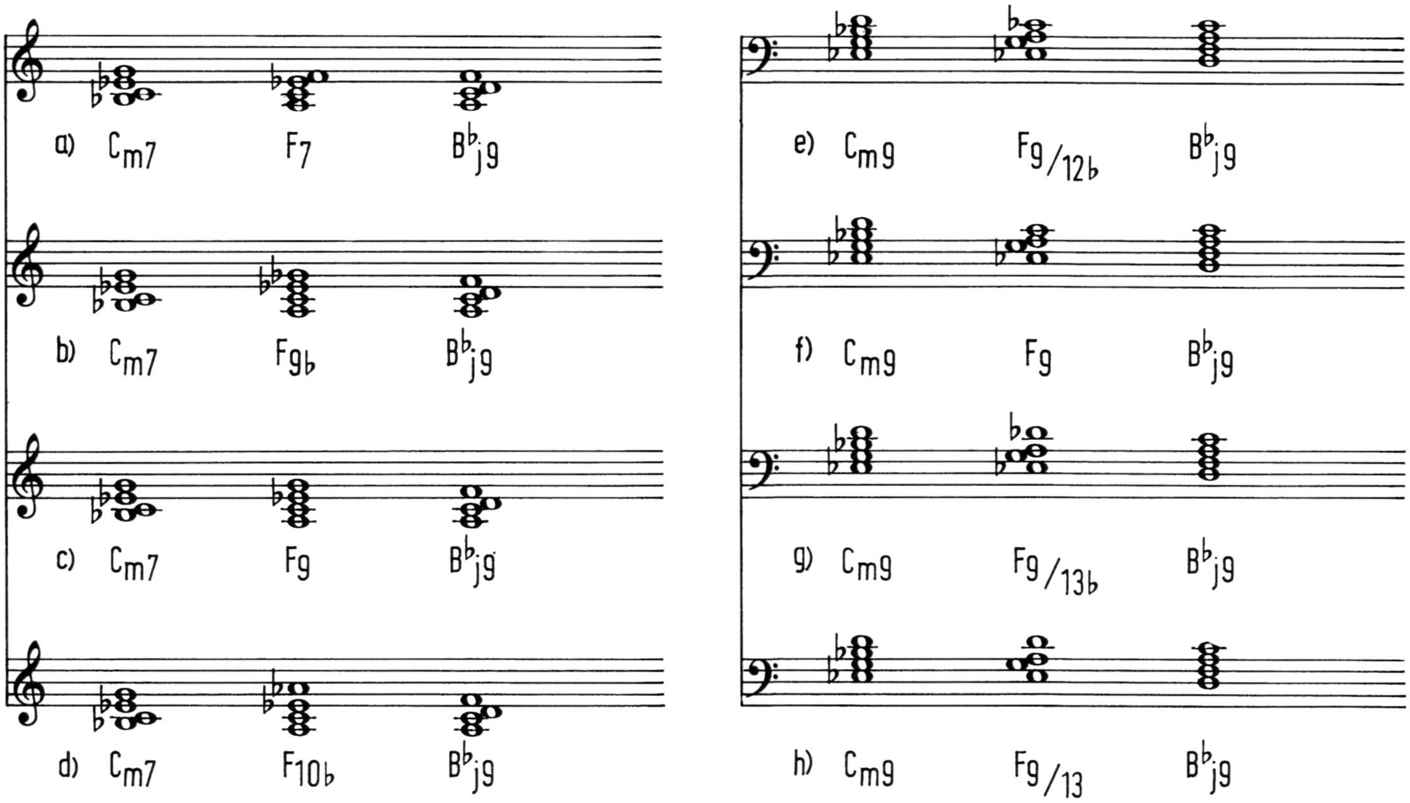

Üb. 87

Turnarounds

Zielakkord I (Dur)

E_{m7}	A_{m7}	D_{m7}	G_{7}	C
	$E^{\flat}_{(m)7}$		$D^{\flat}_{7}$	
E_{m7}	A_{7}	$A^{\flat}_{m7}$	$D^{\flat}_{7}$	
$E^{\flat}_{m7}$	$A^{\flat}_{7}$	D_{m7}	G_{7}	
$B^{\flat}_{m7}$	$E^{\flat}_{7}$	$A^{\flat}_{m7}$	$D^{\flat}_{7}$	
C	A_{m7}	D_{m7}	G_{7}	
	$E^{\flat}_{(m)7}$			
	$E^{\flat}_{o}$			
C	$E^{\flat}_{7(j)}$	$A^{\flat}_{7(j)}$	$D^{\flat}_{7(j)}$	
C	$B^{\flat}_{7}$	$A^{\flat}_{7}$	G_{7}	
		$E^{\flat}_{7}$	$D^{\flat}_{7}$	
	$B^{\flat}$	$A^{\flat}$	$D^{\flat}$	
C	$C^{\sharp}_{o}$	D_{m7}	G_{7}	
C	$D^{\flat}_{7}$	C	B_{7}	
$E_{\varnothing}$	$A_{9\flat}$	$D_{\varnothing}$	$G_{9\flat}$	

(modal interchange)

Zielakkord I (Dur/ latin)

C	F_{7}	C	F_{7}	C
C	$B^{\flat}_{7}$	C	$B^{\flat}_{7}$	
C	$A^{\flat}_{7}$	C	$A^{\flat}_{7}$	

Zielakkord I (Moll)

$E_{\varnothing}$	$A_{7/C}$	$D_{\varnothing}$	$G_{7/C}$	$C_{m7(j)}$
C_{m7}	$A_{\varnothing}$	$D_{\varnothing}$	$G_{7/C}$	
C_{m7}	$A^{\flat}$			
C_{m7}	$B^{\flat}_{m7}$	$A^{\flat}_{m7}$	$G_{7/C}$	

Zielakkord I (Sept)

E_{7}	A_{7}	D_{7}	G_{7}	C_{7}
	$E^{\flat}_{7}$		$D^{\flat}_{7}$	

ferner alle mit dem Zielakkord I (Dur)

längerer Weg:

$F_{m7}B^{\flat}_{7}$	$E_{m7}A_{7}$	$E^{\flat}_{m7}A^{\flat}_{7}$	$D_{m7}G_{7}$	C
$G_{m7}C_{7}$	$F^{\sharp}_{m7}B_{7}$			
$D_{m7}G_{7}$	$F_{m7}B^{\flat}_{7}$	C $B^{\flat}_{(7)}$	$A^{\flat}_{(7)}$ $D^{\flat}_{(7)}$	
	$A^{\flat}_{m7}D^{\flat}_{7}$	C $E^{\flat}_{(7)}$		

Zielakkord II

E_{m7}	A_{7}	E_{m7}	$E^{\flat}_{7}$	D_{m7}
		$B^{\flat}_{m7}$		
		$E^{\flat}_{m7}$	$A^{\flat}_{7}$	
		$B^{\flat}_{m7}$	A_{7}	
D_{m7}	G_{7}	C	$A_{(m)7}$	
			$E^{\flat}_{(m)7}$	
		E_{m7}		
C	D_{m7}	E_{m7}	$A_{(m)7}$	
			$E^{\flat}_{(m)7}$	
	F_{7}			
C	B_{7}	$B^{\flat}_{m7}$	A_{7}	
	B_{m7}	E_{m7}		
C	F_{7}	$B^{\flat}_{7}$	$E^{\flat}_{7}$	
C	$D^{\flat}_{7}$	C	$E^{\flat}_{7}$	
			$C^{\sharp}_{o}$	
C	$C^{\sharp}_{o}$	D_{m7}	$E^{\flat}_{(m)7}$	
$F^{\sharp}_{m7}$	B_{7}	E_{m7}	A_{7}	

Zielakkord VI

C	F	B_{m7}	E	A_{m7}
	E_{m7}			
A_{m7}	$F^{\sharp}_{m7}$	B_{m7}	$B^{\flat}_{7}$	
	$A^{\flat}_{7}$			

Üb. 88

D_{m7}	G_{7}	E_{m7}	A_{7}	D_{m7}	G_{7}	C
F	F_{m7}	C	A_{m7}			
		E_{m7}				

Üb. 89

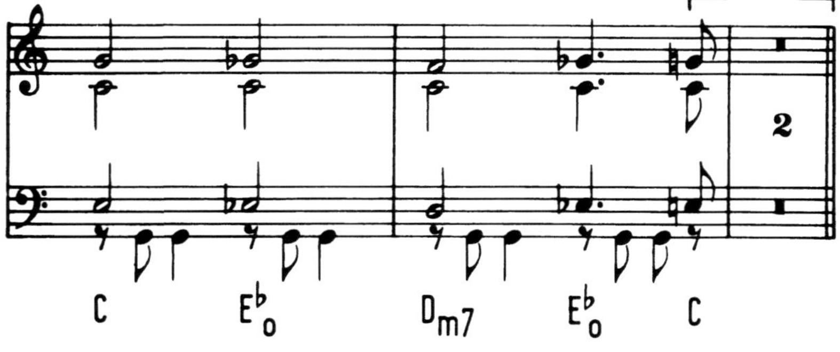

8 AKKORDMATERIAL 5

Wir kommen nun zur modalen Spielweise. Charakteristisch dafür ist:

1. Statt der key areas haben wir sound areas. Jede sound area besteht aus einer Anzahl von Takten (oft acht oder sechzehn, häufig auch mehr). Sie hat einen Zentralakkord, der alleine stehen kann oder von anderen Akkorden „umkreist" wird, aber ohne gerichtete Bewegung wie bei den Kadenzen. Dies ergibt eine vergleichsweise statische Wirkung.
2. Jede sound area wird durch ein bestimmtes Tonmaterial in Form einer Skala fixiert (Modus).
3. Die innerhalb einer sound area verwendeten Akkorde werden (ausschließlich) aus Tönen der Skala gebildet.
4. Die basisharmonischen Funktionen, die wir bisher kennengelernt haben, gibt es nicht mehr. Dafür aber neue klangharmonische Funktionen, deren genauere Darstellung den Rahmen dieses Buches überschreiten würde.
5. Die sound areas werden direkt nebeneinander gestellt. Spontane Modulation.
6. Die Melodien haben einen mehr linearen Charakter.
7. Im Prinzip kann jede Skala verwendet werden. Bevorzugt werden einige der Kirchentonarten, vor allem dorisch.
8. Vorliebe für „offene" Klänge, daher viele Quartakkorde (rein oder mit anderen Intervallen gemischt) und sus-Akkorde (unaufgelöst). In der Rockmusik auch modale Stücke mit einfachen Dreiklängen.
9. Häufige Verwendung ausgeprägter Baßfiguren in Ostinato-Form.

Es besteht natürlich auch die Möglichkeit, die modale Spielweise mit der basisharmonischen zu mischen, etwa in der Art, daß ein Thema aus 16 Takten modal und 16 Takten basisharmonisch besteht. Dann wird immer abwechselnd über beide Formen improvisiert.

Der Leser wird an dieser Stelle feststellen, daß auch unsere bisherige Darstellung von Akkordstrukturen mit Skalen verbunden war. Tatsächlich ist die Skalenmethode der Melodiebildung über basisharmonischen Strukturen eine Art Rückprojektion der später entstandenen modalen Spielweise auf die früher entstandene basisharmonische Spielweise.

Wir bezeichnen die sound areas durch die Skala oder durch den Zentralakkord.

Nachfolgend die Kirchentonarten, notiert in Intervallen zum Grundton:

Ionisch	1	2	3	4	5	6	7_j
Dorisch	1	2	3♭	4	5	6	7
Phrygisch	1	2♭	3♭	4	5	6♭	7
Lydisch	1	2	3	4♯	5	6	7_j
Mixolydisch	1	2	3	4	5	6	7
Äolisch	1	2	3♭	4	5	6♭	7
Lokrisch	1	2♭	3♭	4	5♭	6♭	7

Aus einer Durtonleiter ergeben sich in derselben Reihenfolge wie oben auf allen Stufen materialgleiche Kirchentonarten, also bei C-Dur, mit den entsprechenden Skalensymbolen notiert: C^{S} (1. Stufe), D^{S}_{d} (2. Stufe), E^{S}_{p} (3. Stufe), F^{S}_{l} (4. Stufe), G^{S}_{7} (5. Stufe), $A^{S}_{mä}$ (6.Stufe), B^{S}_{lo} (7. Stufe). Sie haben alle dasselbe Vorzeichen wie C^{S}, nämlich keines. Somit bekommen wir die Vorzeichen einer bestimmten Kirchentonart, indem wir die Durtonleiter suchen, zu der ihr Grundton auf der entsprechenden Stufe steht, und dann dieselben Vorzeichen nehmen. So hat G^{S}_{p} 3♭, weil g auf der 3. Stufe von $E^{\flat}$-Dur steht.

Bei der modalen Spielweise werden verschiedene Arten von Akkorden verwendet:

1. Quartakkorde

   Einfachste Form: zwei Quarten übereinander. Entspricht einem sus-Akkord, hat aber nicht dessen Funktion.

   Üb. 90 enthält einige Beispiele der Harmonisierung einer Melodie mit dreistimmigen Quartakkorden. Üb. 90a und b haben den Schwerpunkt D-dorisch, Üb. 90c hat den Schwerpunkt G-Sept. In Üb. 90d wird der Schwerpunkt D-Dorisch durch den dritten Akkord durchbrochen.

   Üb. 91 enthält Akkorde mit jeweils wenigstens drei Quarten, zum Teil mit anderen Intervallen gemischt. Liegen die Quarten unten, so wirken sie als Basis, liegen sie oben, so wirken sie als Farbe. Daher sind die beiden Akkorde in Üb. 91d trotz der darüberliegenden Quarten Septakkorde.

2. sus-Akkorde

   Nicht alle sus-Akkorde sind Quartakkorde. In Üb. 92 sehen wir eine modale Struktur mit zwei sus-Akkorden.

3. Anderes Akkordmaterial

   Üb. 93 gibt dazu ein Beispiel im 5/4-Takt. Die Verwendung längerer Metren — vor Entwicklung der modalen Spielweise sehr selten — wurde durch diese sehr gefördert.

Üb.90

Üb.91

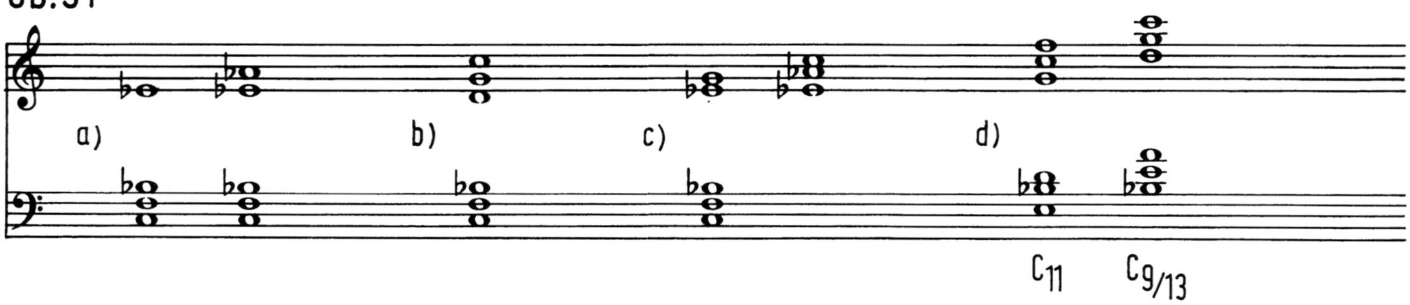

Üb.92

Üb.93

9 BLUES / RHYTHM CHANGES

Der Blues ist einer der Grundpfeiler des Jazz. In ihm trifft sich afrikanisches Musizieren mit europäischem Formgefühl auf engstem Raum. Anfangs — vor der Entstehung des Jazz — dominierte die (damals) sehr stark von afrikanischen Gesangstechniken beeinflußte Melodik. Allmählich kristallisierte sich dann auf dem Weg über die harmonischen Formeln I - IV und I - V die 12-taktige Grundstruktur heraus. Im Laufe der Zeit entstanden verschiedene Grundgerüste mit zahllosen Abwandlungen, so daß es genaugenommen nicht eine harmonische Form des Blues, sondern unendlich viele Formen gibt, die manchmal nur noch sehr indirekt eines der Grundgerüste durchscheinen lassen. Schließlich wurde die 12-taktige Form gesprengt und es kam wieder, wie in den Anfängen, zu einer Konzentration auf das Melodische (Archie Shepp).

Auch vom Ausdruck her wurde der Blues erweitert. Im Jazz gibt es Blues in jedem Tempo, und auch fröhliche Blues bis hin zum Komischen (Slim Gaillard, Louis Jordan).

Wir beschränken uns hier im wesentlichen auf die harmonische Seite des Blues. Mit der melodischen Komponente beschäftigen wir uns in „Arrangement und Improvisation".

Das erste Grundgerüst des Blues war I - IV - I - V - I mit einfachen Akkorden, aber mit klanglich und melodisch komplexen Melodien, die am Klavier zu spielen nicht einfach ist. Im Laufe der Jazzgeschichte hat der Blues als Element des Jazz — im Gegensatz zum Blues als Stil außerhalb des Jazz — all dessen harmonische Entwicklungen mitgemacht, bis hin zur Einführung tonaler Nebenzentren innerhalb der 12-taktigen Chorusstruktur, zu Akkorden mit vielen Farbtönen und bis zu Verkürzungen und Erweiterungen der 12-taktigen Form.

Interessant ist, daß der emotionale Höhepunkt eines Blueschorusses eigentlich am Beginn des 5. Taktes liegt. Das war in den alten Bluestexten der Beginn der zweiten Textzeile, die zumeist in einer nachdrücklichen Wiederholung der ersten Textzeile bestand. Dem 5. Takt wurde die IV. Stufe zugeordnet. Und dabei ist es — von wenigen Ausnahmen abgesehen — geblieben. Alle anderen Akkorde im Blues, außer der I zu Beginn des Blueschorusses, werden immer wieder durch Substitute verschiedenster Art ersetzt. Wir finden dazu in Üb. 98 viele Beispiele (alle zum besseren Vergleich auf c umgeschrieben).

Üb. 98, Nr. 4 wird sehr häufig verwendet und eignet sich gut zur Einführung in den Blues. Üb. 94 enthält eine Ausführung mit unserem Akkordmaterial 1-2. Auch der tonartbestimmende Akkord ist, wie bei vielen Blues, ein Septakkord (Üb. 67c). Bei der Stufenanalyse haben wir der Einfachheit halber auf Zusatzzeichen verzichtet. Das Klangbild der Akkordfolge ist weder Dur noch Moll, sondern Sept bzw. Blues (Bluestonalität).

Nur aus Septakkorden bestehend klingt Üb. 94 auch schon ohne hinzugefügte Melodie bluesmäßig. Spielen wir nun die beiden oberen Töne mit der linken Hand, so haben wir eine einfache, aber wirkungsvolle Bluesbegleitung. Zur Improvisation verwenden wir die C-Bluestonleiter (C^{S}_{BL}). Sie paßt zu sämtlichen Akkorden.

Üb. 95 enthält dieselbe Akkordfolge mit je einem zusätzlichen Farbton. Wir können die Doppeldeutigkeit dieser Akkorde melodisch ausnützen. Die Melodie a ist eindeutig auf C-Blues bezogen, die Melodie b fluktuiert zwischen C-Blues und $G^{\flat}$-Blues. Strenggenommen konkurriert hier $G^{\flat}$ mit $D^{\flat}$, das einerseits V zu $G^{\flat}$ ist, also mit diesem im Quintenzirkel nahe verwandt, und andererseits einen Halbton über C steht, also mit diesem chromatisch verwandt ist.

Wenn beim Akkordwechsel ein vorgezogener Melodieton erscheint, ziehen wir auch den Begleitakkord vor.

Üb. 96 stellt eine walking-bass-Linie für unsere Akkordfolge dar. Zusammen gespielt ergeben sich zusätzliche Harmonien, die aber viel mehr klangliche als harmonische Funktion haben und deshalb auch nicht in Symbolen notiert werden.

Üb. 95 + 96 kombiniert ergeben einen charakteristischen Baß-Akkord-Melodie-Komplex.

Üb. 97 besteht aus einer Erweiterung unserer Akkordfolge, wie sie beispielsweise Hammond-Organisten (Jimmy Smith) verwendet haben. Die Ausdeutungsmöglichkeiten und Spannungsmomente für einen begleitenden Bassisten wir für einen zusätzlichen Solisten sind vielfältig. Wir spielen die beiden unteren Töne mit der linken, die beiden oberen mit der rechten Hand.

Einige der Akkordfolgen in Üb.98 beziehen sich auf bestimmte Stücke:

Nr. 10 „Au privave" (Charlie Parker), ein klassisches Be-Bop-Stück

Nr. 15 „Blues for Alice" (Charlie Parker). Der 7_j-Akkord zu Beginn bedeutet gegenüber den früheren Akkordfolgen gewissermaßen ein neues Bluesgefühl, ebenso wie der folgende Durchgang zum Takt 5 und die tonalen Nebenzentren in Takt 6-8

Nr. 16 „Sippin' at Bells" (Miles Davis) mit einer noch komplexeren Struktur

Nr. 18 „Westcoast Blues" (Wes Montgomery). Hier sind die bei der Improvisation verwendeten Harmonien angegeben

Nr. 19 „Some other Blues" (John Coltrane)

Üb. 99 und 100 enthalten je ein Harmoniebeispiel eines verkürzten und eines verlängerten Blues. Ein weiteres Beispiel eines verkürzten Blues findet sich in Üb. 116. Zum Blues mit Mittelteil siehe S. 76.

Blues in Moll gibt es relativ selten. Üb. 101 bringt einige Beispiele. Die IV. Stufe im 5. Takt wird hier des öfteren substituiert. Die Mollakkorde sind nur aus Gründen der Einfachheit so geschrieben; sie sollten zumindest noch einen Farbton enthalten, z. B. die kleine Sept. Mehrere der Beispiele beziehen sich auf bestimmte Stücke:

Nr. 3 „Revelation" (Yusef Lateef)

Nr. 4 „The world awakes" (Lucky Thompson)

Nr. 7 „Señor Blues" (Horace Silver)

Üb.102 enthält die Harmonien eines verlängerten Moll-Blues („Blues for Africa"/Joe Viera).

Unter r h y t h m c h a n g e s wird eine Akkordfolge samt zahlreichen Veränderungen verstanden, die fast so häufig vorkommt wie der Blues. Sie geht auf das Stück „I got rhythm" von George Gershwin zurück. Allerdings stellt schon die im Jazz verwendete Grundform dieser Akkordfolge (Üb. 103, Nr. 1 und Nr. 14) eine Veränderung des Originals dar. Das ursprünglich 34-taktige Thema wurde auf 32 Takte verkürzt. Es hat eine AABA-Form wie „Body and Soul" (siehe Üb. 29). Aber lange nicht jedes AABA-Stück hat rhythm changes.

Üb. 103 gibt eine Reihe von Beispielen. Wir erkennen gewisse Verwandtschaften zum Blues: dort die IV. Stufe im 5. Takt, hier im 6. Takt. Üb.103, Nr.9 beginnt sogar genauso wie Üb.98, Nr. 14. Ich glaube, daß die Möglichkeit, Bluesakkorde, -strukturen und -melodien in rhythm changes einzubauen, diese seit den 40er Jahren für die Jazzmusiker so interessant gemacht haben.

Wie beim Blues haben auch die rhythm changes alle harmonischen Entwicklungen des Jazz mitgemacht, so wie letztlich die Akkordstrukturen vieler im Jazz häufig gespielter Stücke.

Einige A-Teile von Üb.103 beziehen sich wieder auf bestimmte Themen:

Nr. 11 „Seven up" (Sonny Stitt); diese Akkordfolge, die sich auch öfters bei Thelonius Monk findet, taucht hier nur im 2. Chorus auf.

Nr. 12 „C. T. A." (Jimmy Heath)

Nr.13 zeigt den Einbau der Coltrane-Kadenz in Takt 1-4 von rhythm changes.

Üb. 94

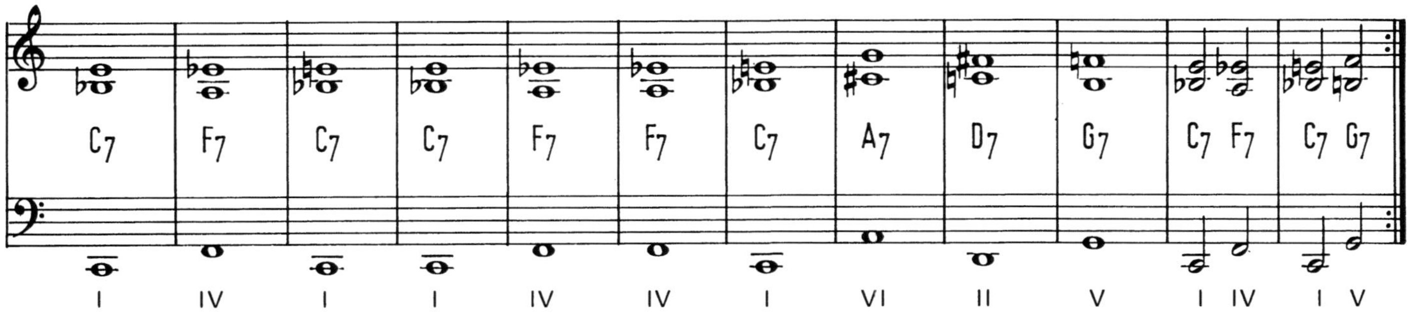

Üb. 95

Üb. 96

Üb. 97

Üb.98

Blues

	1	2	3	4	5	6	7	8	9	10	11	12
1.	C	C	C	C_7	F	F	C	C	G_7	G_7	C	C
2.	C_7	C_7	C_7	C_7	F_7	F_7	C_7	C_7	G_7	G_7	C_7	C_7
3.						$F^{\#}_{o}$				F_7		G_7
4.	C_7	F_7	C_7	C_7	F_7	F_7	C_7	A_7	D_7	G_7	C_7	G_7
5.											C_7F_7	C_7G_7
6.											C_7A_7	D_7G_7
7.											E_7A_7	
8.							C_7D_{m7}	$E_{m7}E^{\flat}_{m7}$	D_{m7}			
9.		$F_7F^{\#}_{o}$	$C_7D^{\flat}_7$			$F^{\#}_{o}$						
10.	$C_{(7)}$	$D_{m7}G_7$	$C_{(7)}$	$G_{m7}C_7$	F_7	F_7	$C_{(7)}$	$E_{m7}A_7$	D_{m7}	G_7	$C_{(7)}$	$D_{m7}G_7$
11.							E_{m7}	A_7			C_7A_7	
12.			G_{m7}	C_7			C_7B_7	$B^{\flat}_7A_7$				
13.	$C_{(7)}C^{\#}_{o}$	$D_{m7}G_7$										
14.		$D_{m7}D^{\#}_{o}$	$E_{m7}F$	$G_{m7}C_7$								
15.	C_{7j}	$B_{ø}E_{9\flat}$	$A_{m7}D_7$	$G_{m7}C_7$	F_7	$F_{m7}B^{\flat}_7$	$E_{m7}A_7$	$E^{\flat}_{m7}A^{\flat}_7$	D_{m7}	G_7	$C_{7j}E^{\flat}_{7j}$	$D_{m7}G_7$
16.				$D^{\flat}_{m7}G^{\flat}_7$					$D_{m7}G_7$	$A^{\flat}_{m7}D^{\flat}_7$		
17.							$E^{\flat}$		$D^{\flat}$	$D_{m7}G_7$	CA_{m7}	
18.	C_7	$B^{\flat}_7$	C_7	$D^{\flat}_{m7}G^{\flat}_7$	F_7	$F_{m7}B^{\flat}_7$	$E_{m7}A_7$	$E^{\flat}_{m7}A^{\flat}_7$	D_{m7}	G_7	$C_7E^{\flat}_7$	$A^{\flat}_7G_7$
19.	C_7	$B^{\flat}_7$	C_7	C_7	F_7	$B^{\flat}_7$	$E^{\flat}_7$	$A^{\flat}_7$	A_7	G_7	$C_7B^{\flat}_7$	C_7

Üb.99

Verkürzter Blues

C | C_7 | F | F_m | C | G_7 | CF | CG_7 ‖

Üb.100

Verlängerter Blues

C_7 | C_7 | C_7 | C_7 | F_7 | F_7 | C_7 | C_7 | G_7 | F_7 | G_7 | F_7 | G_7 | F_7 | C_7 | C_7 ‖

Üb.101

Moll-Blues

	1	2	3	4	5	6	7	8	9	10	11	12
1.	C_m	C_m	C_m	C_m	F_m	F_m	C_m	C_m	$A^{\flat}_{7/C}$	$G_{7/C}$	C_m	C_m
2.												$G_{7/C}$
3.									D_m	$D^{\flat}_m$		C_m
4.									G_7	F_7	$D_7G_{7/C}$	C_m
5.									$E^{\flat}_7$	$D_{\varnothing}G_{7/C}$		
6.				$C_{7/C}$	F_{m7}	$B^{\flat}_7$	$E^{\flat}$	$A^{\flat}$	$D_{\varnothing}$	$G_{7/C}$	C_m	
7.	C_m	C_m	C_m	C_m	$A^{\flat}_7$	$A^{\flat}_7$	C_m	C_m	G_7	F_7	C_m	C_m
8.					$E^{\flat}_m$	$E^{\flat}_m$			D_7	$G_{7/C}$		
9.	C_m	$D_{\varnothing}G_{7/C}$	C_m	$G_{\varnothing}C_{7/C}$	F_m	$A^{\flat}_{m7}D^{\flat}_7$	C_m	$B^{\flat}_{m7}E^{\flat}_7$	$A^{\flat}_{(7)}$	$G_{7/C}$	C_m	$D_{\varnothing}G_{7/C}$
10.	C_m	C_m	G_{m7}	C_7	F	F	F_{m7}	$B^{\flat}_7$	$E^{\flat}$	$E^{\flat}_{m7}A^{\flat}_7$	$D^{\flat}$	

Üb.102

Verlängerter Moll-Blues

C_m | C_m | C_m | C_m | $E^{\flat}_7$ | $E^{\flat}_7$ | $E^{\flat}_7$ | $E^{\flat}_7$ | C_m | C_m | C_m | C_m | D_7 | D_7 | $D^{\flat}_7$ | $D^{\flat}_7$ | C_m | C_m | C_m | C_m ‖

Üb.103

Rhythm Changes

A-Teil

	1	2	3	4	5	6	1. 7	8	2. 7	8
1.	CA_{m7}	$D_{m7}G_7$	./.		CC_7	FF_m	C	$D_{m7}G_7$:	C	C
2.								:	$D_{m7}G_7$	
3.	C_7A_7	D_7G_7	./.		C_7	F_7	C_7A_7	D_7G_7 :	D_7G_7	C_7
4.						$F_7B^\flat_7$		:		
5.						$F_7F^\sharp_o$		:		
6.					$C_7G^\flat_7$		$C_7E^\flat_7$	$D_7D^\flat_7$:		
7.	CA_{m7}	$D_{m7}G_7$	$E_{m7}A_7$	$D_{m7}G_7$	$G_{m7}C_7$		CA_{m7}	$D_{m7}G_7$:	C	C
8.							$E_{m7}A_7$	:		
9.	$CC^\sharp_o$	$D_{m7}D^\sharp_o$						:		
10.	$CE^\flat_{m7}$	$D_{m7}D^\flat_7$	$E_{m7}E^\flat_{m7}$	$D_{m7}D^\flat_7$	CC_7			:		
11.	$A^\flat_{m7}D^\flat_7$	$F^\sharp_{m7}B_7$	$E_{m7}A_7$	$D_{m7}G_7$	C_7			:		
12.	$C_7B^\flat_7$	$A^\flat_7G_7$	./.		$G_{m7}C_7$	$FB^\flat_7$		:	$D_{m7}G_7$	
13.	$CE^\flat_7$	$A^\flat B_7$	EG_7	C				:		

B-Teil

	1	2	3	4	5	6	7	8
14.	E_7	E_7	A_7	A_7	D_7	D_7	G_7	G_7
15.	B_{m7}		E_{m7}		A_{m7}		D_{m7}	
16.	$B^\flat_7$	$B^\flat_7$	A_7	A_7	$A^\flat_7$	$A^\flat_7$	G_7	G_7
17.	$G^\flat_7$	$G^\flat_7$	F_7	F_7	E_7	$E^\flat_7$	D_7	$D^\flat_7$
18.	G_{m7}	C_7	F_{m7}	$B^\flat_7$	$E^\flat_{m7}$	$A^\flat_7$	D_{m7}	$A^\flat_{m7}D^\flat_7$
19.	C_7	C_7	F	F	D_7	D_7	G_7	G_7
20.	G_{m7}			$B^\flat_7$	A_{m7}		D_{m7}	
21.				F	F_{m7}	$B^\flat_7$	$E^\flat$	$D_{m7}G_7$
22.				$F^\sharp_{m7}B_7$				
23.	F	$F_{(m)}$	C	C	D_7	D_7	G_7	G_7
24.		$F^\sharp_o$		$G_{m7}G^\flat_7$	F			

Auch einige der B-Teile von Üb. 103 beziehen sich auf bestimmte Themen:

Nr. 16 „C. T. A.“ (Jimmy Heath)

Nr. 17 „Dizzy Athmosphere“ (Dizzy Gillespie)

Nr. 18 „Ray's Idea“ (Ray Brown)

Üb. 103, Nr. 19 ist die Übertragung des Mittelteils von „Honeysuckle Rose“ (Fats Waller) auf rhythm changes. Es gibt auch den umgekehrten Fall: „Scrapple from the apple“ (Charlie Parker) verwendet im A-Teil die Harmonien von „Honeysuckle Rose“, aber im B-Teil die ursprünglichen Harmonien von „I got rhythm“ (Üb. 103, Nr. 14).

Üb. 103, Nr. 23 ist ein weiterer Mittelteil, der aus anderen Stücken auf rhythm changes übertragen wurde.

Bei „Good bait“ (Tadd Dameron/Count Basie) hat auch der Mittelteil rhythm changes, aber in einer um eine Quart höheren Tonart.

Eine Kombination von Blues und rhythm changes ist der Blues mit Mittelteil: der A-Teil einer AABA-Form besteht aus einem Blues, als B-Teil dient einer der Mittelteile der rhythm changes. Damit kommen wir zu einem 44-taktigen Chorus.

Im Prinzip lassen sich alle A-Teile und alle B-Teile von Üb. 103 miteinander kombinieren.

Interessant ist, daß es zwar langsame Blues, aber so gut wie keine langsamen Stücke mit rhythm changes gibt.

10 MÖGLICHKEITEN DER ABWANDLUNG EINER GEGEBENEN AKKORDFOLGE (ZUSAMMENFASSUNG)

Die Abwandlung einer gegebenen Akkordfolge kann geschehen

1. durch Veränderung der Klangfarbe eines Akkordes (keine Änderung von Grundton und Primärform) = Farbsubstitution
2. durch Veränderung der Basis eines Akkordes (Änderung von Grundton oder/und Primärform) = Basissubstitution
3. durch Einschub von weiteren Akkorden (Zwischenakkorden)
4. durch Auslassen von Akkorden
5. durch Kontraktion und Wiederholung
6. durch Veränderung des Gesamteindrucks durch andere Rhythmisierung (keine Änderung des Geltungsbereichs der Akkorde)

Zu 1. (Üb. 104)

Wir können eine bestimmte Klangfarbe erzeugen durch

a Lagenwechsel
  Oktavtransposition des ganzen Akkordes
  Enge, gemischte und weite Lage

b Umkehrungen (Oktavtransposition einer oder mehrerer Töne)

c Hinzufügung von Tönen (Farb- oder/und Basistönen)

d Tonverdopplung

e Auslassung von Tönen

f Anschlag / Ansatz

g Änderung der Instrumentierung

Zu 2. (Üb. 105)

Dies ist die Substitution im engeren Sinn. Man beachte, wie eine Änderung der Primärform die Spannung zwischen den Akkorden erhöht (Unterschied zwischen B_7 und B in unserem Beispiel).

Zu 3. (Üb. 106)

a Wechselakkord (neighbour chord)

b Durchgangsakkord (passing chord)

Die diatonischen Akkorde in Üb. 106 ebenso wie die Melodien bestehen aus Tönen von F_7^S.

Zu 4. (Üb. 107a)

Zu 5. (Üb. 107b)

Zu 6. (Üb. 108)

Hören wir Akkorde oder haben wir sie in Noten vor uns, so stellen wir fest, um welche Akkorde es sich handelt und wie sie zusammenhängen (Akkordanalyse).

Wir fragen bei einem Akkord:

1. Grundton?
   Hier hilft oft ein Blick auf die gleichzeitig vom Baß gespielten Töne (Baßlinie)
2. Primärform?
   In erster Linie: Dur, Moll oder Sept?
3. Basis- und Farbtöne?

Wir fragen bei einer Akkordfolge:

1. Zentralakkord(e)?
   Dazu sehen wir uns zuerst die Durakkorde an; sie können nur I oder IV in Dur bzw. III oder VI in Moll sein
2. key area(s)?
   Auch hier hilft oft ein Blick auf die Baßlinie
3. Wie heißen die einzelnen Akkorde (siehe oben)?
   Welche Basisfunktion hat jeder von ihnen?

Die Beantwortung der ersten drei Fragen führt zu einem Akkordsymbol, die Beantwortung der nächsten drei Fragen führt zu einer Folge von Akkord- und Stufensymbolen.

Wir studieren Akkorde immer von unten nach oben. Wenn wir den Grundton ermittelt haben, bestimmen wir die Intervalle aller anderen Töne zum Grundton: so kommen wir zum Akkordsymbol.

Bei einzelnen Akkorden wie bei Akkordfolgen kann es zweckmäßig sein, darüber zu improvisieren und zu prüfen, welche Skala bzw. Skalen wir dabei intuitiv verwenden.

Üb. 109 enthält einige Beispiele von Akkordbestimmungen. Wir prüfen immer zuerst, ob der Baßton als Grundton angesehen werden kann. Ferner achten wir auf verminderte Quinten, vor allem im untersten Teil, da dies einen Septakkord vermuten läßt. In solchen Fällen tendiert das Gehör auch immer in diese Richtung.

Einige der Akkorde in Üb. 109 sind mehrdeutig. Zu den Polychorden (mit * bezeichnet) siehe nächstes Kapitel.

Bei Akkordfolgen suchen wir die Zentralakkorde und gehen von da jeweils nach links = rückwärts, bis wir zum ersten Nicht-Skalenakkord kommen, und ferner nach rechts, um eine mögliche IV zu suchen. Vorsichtshalber gehen wir aber noch ein Stück nach links weiter, denn es könnte sich beim ersten Nicht-Skalenakkord ja um ein eingeschobenes tonales Nebenzentrum handeln.

Wir haben dazu schon zahlreiche Beispiele besprochen. Nachfolgend noch zwei, die sich auf Ausschnitte einiger unserer Grundketten beziehen:

a) C F | $B^{\flat}$ $E^{\flat}$ | A $D^{\flat}_7$:‖

I IV I′ IV′ I″ IV''_7

$\flat II_7$

b) C_{m7} F_{m7} | $B^{\flat}_{m7}$ $E^{\flat}_{m7}$ | $A^{\flat}_{m7}$ $D^{\flat}_7$:‖

I IV I′ IV′ I″ IV''_7

$\flat II_7$

II‴ V‴

Wir haben jeweils den zweiten Akkord des letzten Taktes geändert, um einen turnaround zurück zum Anfang zu erhalten. Damit ergeben sich hier auch unterschiedliche Deutungsmöglichkeiten.

Eine besondere Bedeutung hat im Jazz die R e h a r m o n i s i e r u n g von Themen, die zu einem ständigen Erneuerungsprozeß führt. Alle zu Beginn dieses Kapitels genannten Möglichkeiten werden dazu verwendet (ferner auch die Veränderung der Melodie selbst, vor allem rhythmisch).

Es ist eine reizvolle Aufgabe, ein oft gespieltes Stück durch Umharmonisieren anders zu gestalten. Die Jazzgeschichte ist voll von geglückten Beispielen, nicht zuletzt auch bei Stücken, die ursprünglich gar nicht als Jazzthemen gedacht waren. Die neuen Lösungen sind häufig den älteren musikalisch überlegen.

Mit unseren harmonischen Kenntnissen sind wir schon jetzt in der Lage, einige Versuche von Reharmonisation zu unternehmen.

Üb. 104

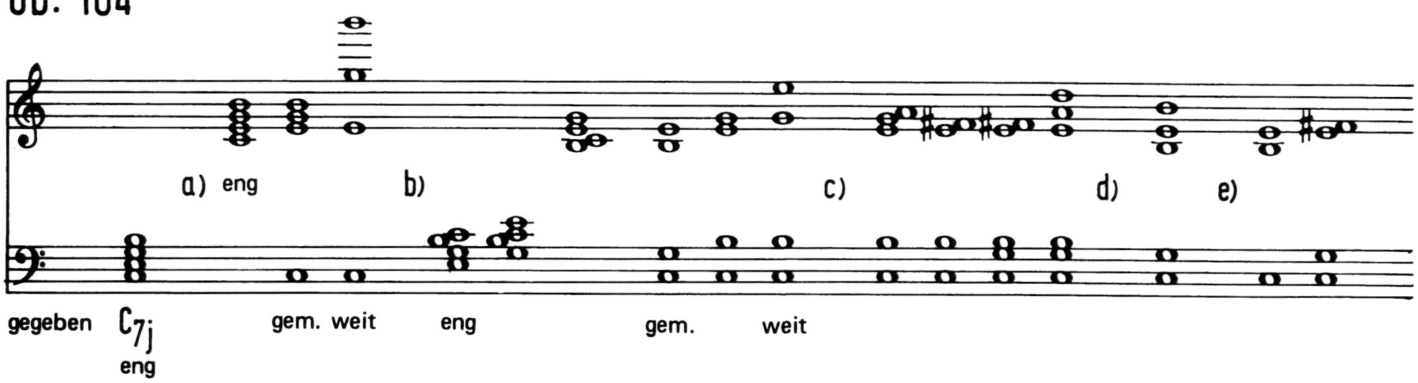

Üb. 105

gegeben C_{m7} F_7 $B^{\flat}$

wir spielen <u>C_7</u> F_7 $B^{\flat}$

C_{m7} <u>B_7</u> $B^{\flat}$

C_{m7} <u>B</u> $B^{\flat}$

Üb. 106

a)
F7
aufwärts diat.
abwärts diat.
aufwärts chrom.
abwärts chrom.
aufwärts ganzt.
abwärts ganzt.

b)
F7
aufwärts diat.
abwärts diat.

Üb. 107

gege-
ben
Cm7
F7
B♭
a)
Cm7
B♭
b)
Cm7
F7
Cm7
F7
B♭

Üb.108

Üb.109

11 AKKORDMATERIAL 6

In Üb. 109 hatten wir uns mit einigen Fällen *mehrfacher Deutung von Akkorden* beschäftigt (verschiedene mögliche Grundtöne). Mehrfache Deutung ist im Prinzip auch bei verminderten und übermäßigen Akkorden wegen ihres symmetrischen Aufbaus möglich (Üb. 110a und b). Allerdings haben wir schon früher festgestellt (S. 46), daß wir in der Regel verminderten und übermäßigen Akkorden den Baßton als Grundton zuordnen. Ein weiterer interessanter Fall ist in Üb. 110 dargestellt. Wegen der beiden in diesem Akkord enthaltenen Tritoni gibt es vier Deutungsmöglichkeiten als Septakkord. Freilich muß in allen diesen Fällen der gewünschte Grundton deutlich unter dem Akkord im Baßbereich dazu gespielt werden, wenn der Akkord eindeutig sein soll.

Aus vielstimmigen Akkorden lassen sich *Teilakkorde* herauslösen (der tiefste Ton soll immer Grundton sein). Üb. 111 zeigt dies am Beispiel eines C_{13}. Er besteht komplett aus 7 Tönen, die links übereinandergeschrieben sind. Wenn wir davon immer 3 übereinander liegende Töne nehmen, erhalten wir 5 Möglichkeiten (der E_o ist hier nur dreistimmig). Entsprechend bekommen wir 4 vierstimmige, 3 fünfstimmige, 2 sechsstimmige und einen siebenstimmigen Akkord, eben den kompletten C_{13}.

Daraus folgen bestimmte Zusammenhänge. Aus E_o wird beispielsweise C_9, wenn wir eine große Terz unter e als neuen Grundton nehmen.

Sechs- und mehrstimmige Akkorde können auch als *Überlagerung zweier Teilakkorde* gedeutet werden. Wir schreiben dann die Symbole der beiden Teilakkorde übereinander, durch einen Querstrich getrennt:

$\frac{D_m}{C_7}$ gesprochen: D-Moll über C-Sieben ≙ C_{13}

Der untere Akkord bestimmt die Primärform, der obere die Farbe. Wenn wir beide Teilakkorde als verschiedene Akkorde mit unterschiedlichen Grundtönen hören, sprechen wir von B i t o n a l i t ä t . Doch hören wir oft tatsächlich nur einen Akkord mit einem Grundton.

Allerdings führen alle derartigen Überlagerungen zur Bitonalität, wenn wir die Teilakkorde immer mehr auseinanderrücken.

Gemeinsame Töne können die bitonale Wirkung verringern:

$\frac{B^{\flat}}{C_7}$ klingt weniger bitonal als $\frac{A}{C_7}$

In Üb. 112 haben wir die häufigsten bitonalen Akkorde oder Polychorde (engl.), wie wir sie der Einfachheit halber in jedem Fall nennen wollen, zusammengefaßt, und zwar geordnet nach dem unteren Bestandteil, der eine unserer fünf Primärformen sein kann. Es sind nur Akkorde mit Grundton im Baß aufgeführt (Üb. 109 enthält ein Beispiel für die Überlagerung von Umkehrungen). Wir sehen, daß es beim Septakkord als unterem Bestandteil weitaus die meisten Möglichkeiten gibt.

Manche dieser Akkorde enthalten sämtliche Töne einer Skala (Üb. 113; mm = Moll melodisch, l7 = lydian flat 7).

Auch e i n T o n u n d e i n A k k o r d können einander überlagern. Wir schreiben den Ton dann mit einem kleinen Buchstaben (Üb. 114) oder wir geben ihn — was allerdings die Eigenschaft des ganzen Gebildes als Polychord verschleiert — mit einem Intervallsymbol links unten am Akkordsymbol als Baßton an.

Auch S k a l e n f r a g m e n t e führen zu neuen harmonischen Möglichkeiten. Sie sind zum Teil „Reste" von „kompletten" Akkorden. Ihre Mehrdeutigkeit kann durch hinzugefügte Baßlinien oder Melodien beseitigt (oder verstärkt) werden. Üb. 115a zeigt einige zweistimmige Fragmente. Dreistimmige Fragmente enthalten häufig große oder kleine Sekunden. In Üb. 115b sind einige angegeben, die sich (unter anderem) auf c beziehen lassen. In Üb. 115c sehen wir, wie aus einem dieser Fragmente durch Parallelverschiebung innerhalb C^S Skalenakkorde entstehen.

In Üb. 116 werden noch enger gesetzte dreistimmige Fragmente verwendet. Durch Rückung (constant structure) und eine entsprechende Melodie entsteht die Möglichkeit, eine Bluesstruktur (hier fünftaktig!) zu bilden. Solche Akkorde, die sich bereits einem Cluster (mehrere aufeinandergesetzte Halbtöne) annähern, nennen wir C l u s t e r a k k o r d e .

Eine weitere Möglichkeit harmonischer Entwicklung liegt im Durchbrechen harmonischer Bezüge bei der Melodiebildung über Akkorde, vor allem beim Improvisieren (Spiel inside-outside). Wir werden dies in „Arrangement und Improvisation" behandeln.

Es sei an dieser Stelle festgehalten, daß der Jazzmusiker sein Material aus spielerischem Antrieb und aus seinem Ausdrucksbedürfnis heraus unter Einbeziehung seiner Umwelt, weniger aus rechnerischen Überlegungen wählt. Er arbeitet mehr induktiv als deduktiv. Dies macht sich besonders in seinem Verhältnis zur Zwölftonmusik und zur seriellen Musik bemerkbar.

Der Jazz ist bis zum Free Jazz — mit wenigen Ausnahmen — tonale Musik. Aber was heißt das in diesem Fall? Was bedeutet überhaupt der Begriff Tonalität, was kann er bedeuten?

Das Studium des Jazz lehrt uns, den Begriff Tonalität unter einem erweiterten Gesichtspunkt zu sehen. Tonalität stellt für den Jazzmusiker nicht nur die Hörbarmachung eines auf bestimmten physiologischen Erscheinungen basierenden Systems dar, sondern ganz allgemein das Spiel mit harmonischen Schwerpunkten — mit der jeder Schwerpunktbildung eigenen Zurückstellung der Umgebung. Diese Schwerpunkte verändern zeitlich ihr Gewicht wie ihren Standort — von Musiker zu Musiker, von Gruppe zu Gruppe, von heute auf morgen. Ein solches Spiel mit Schwerpunkten findet im Jazz aber auch bei allen anderen Variablen statt, nicht nur im Harmonischen — gespeist aus dem Zusammenwirken von Festgelegtem und spontan Hinzugefügtem.

Nun muß es aber Schwerpunkte in jeder Form von Musik geben, denn ohne Schwerpunkte keine Spannungen, und ohne Spannungen wäre Musik wertlos. So betrachtet stellt sich die Tonalität — im Sinne von Schwerpunktverteilung — als übergeordnetes Prinzip aller Musik dar. Sie folgt nur eben beim Jazz spezifischen Gesetzen, die diese Musik, wie jede eigenständige Musik, unverwechselbar machen. Die Musik der europäischen Klassik, die slawische Volksmusik, die klassische Musik Indiens, die westafrikanische Musik — sie alle haben ihre charakteristischen Systeme der Schwerpunktverteilung in allen Variablen.

Die harmonisch-melodische Atonalität — in der allgemeineren Form als Fehlen tonaler Zentren verstanden oder in der spezielleren Form als Prinzip, das die Entstehung tonaler Zentren verhindern soll — ist ein interessanter Extremfall, der sich in der Musik noch eher verwirklichen läßt als beim Hörer. Ein bemerkenswerter Unterschied, der noch einer gründlichen Klärung bedarf; merkwürdig, wie viele wichtige Untersuchungen auf dem Gebiet der Musik ausstehen oder erst in den Anfängen stecken. Die Erfahrung zeigt, daß Schwerpunktsbildungen beim Hören auch im Harmonisch-Melodischen unvermeidlich sind; hier spielt das Gedächtnis eine wichtige Rolle und das Bestreben, Musik als Kontinuum zu hören. Damit aber wird atonales Hören einem ständigen Druck ausgesetzt.

Doch auch die reine Tonalität ist ein Grenzfall, wenn auch ein wesentlich ergiebigerer. Weitaus die meisten Möglichkeiten in der Musik liegen im Gebiet zwischen reiner Tonalität und Atonalität. Das ganze Feld harmonischer Schwerpunktsbildung läßt sich in zweifacher Weise aufgliedern:

I reine Tonalität
Polytonalität
Atonalität (so starke Überlagerung tonaler Zentren, daß sie sich insgesamt aufheben)

II reine Tonalität
wechselnde Tonalität
fluktuierende Tonalität
Atonalität (so schneller Wechsel tonaler Zentren, daß das Ohr nicht mehr zu folgen vermag).

Größtmögliche Annäherung an die Atonalität wird im Melodischen durch ständigen Wechsel der Töne (besser noch der Intervalle) erzielt. Ein besonderes Verfahren stellt die von Arnold Schönberg und Josef Matthias Hauer entwickelte Zwölftontechnik dar. Danach bestehen Melodien im Prinzip immer aus 12 Tönen; sämtliche Töne der chromatischen Tonleiter werden dazu verwendet, keiner darf vor Ablauf der Reihe (auch in ihren anderen Formen: Krebs, Umkehrung, Krebsumkehrung) zweimal erscheinen. Brechungen definierter Akkorde sind zu vermeiden.

Im Free Jazz sind die Musiker in verschiedener Richtung zur Atonalität hin vorgestoßen. Meist ist ein freies, d. h. nicht an ein vorgegebenes System gebundenes Arbeiten mit harmonischen Schwerpunkten zu beobachten — oft mehr vom (gemeinsamen) Klang als von der Zuordnung einzelner Töne ausgehend (Freitonalität, spontanes Bilden von Harmonien, deren Weiterführung unter den verschiedensten Gesichtspunkten erfolgen kann).

Gelegentlich werden im neuen Jazz Zwölftonthemen verwendet; eine Weiterführung des Prinzips durch ein ganzes Stück hindurch findet aber kaum jemals statt, weil dadurch die Improvisation ganz außerordentlich erschwert wird.

Üb.110

a) C_o, E^b_o, G^b_o, A_o b) C_+, E_+, $G^\#_+$ c) $C_{7/5b}$, $G^b_{7/5b}$, $D_{9/5\#}$, $A^b_{9/5\#}$

Üb.111

	3 Töne	4 Töne	5 Töne	6 Töne	7 Töne
a					
f					
d	D_m				
b♭	B♭	B^b_{7j}			
g	G_m	G_{m7}	G_{m9}		
e	E_o	$E_ø$	$E_{ø9}$	$E_{ø11}$	
c	C	C_7	C_9	C_{11}	C_{13}

Üb.112

Bitonale Akkorde

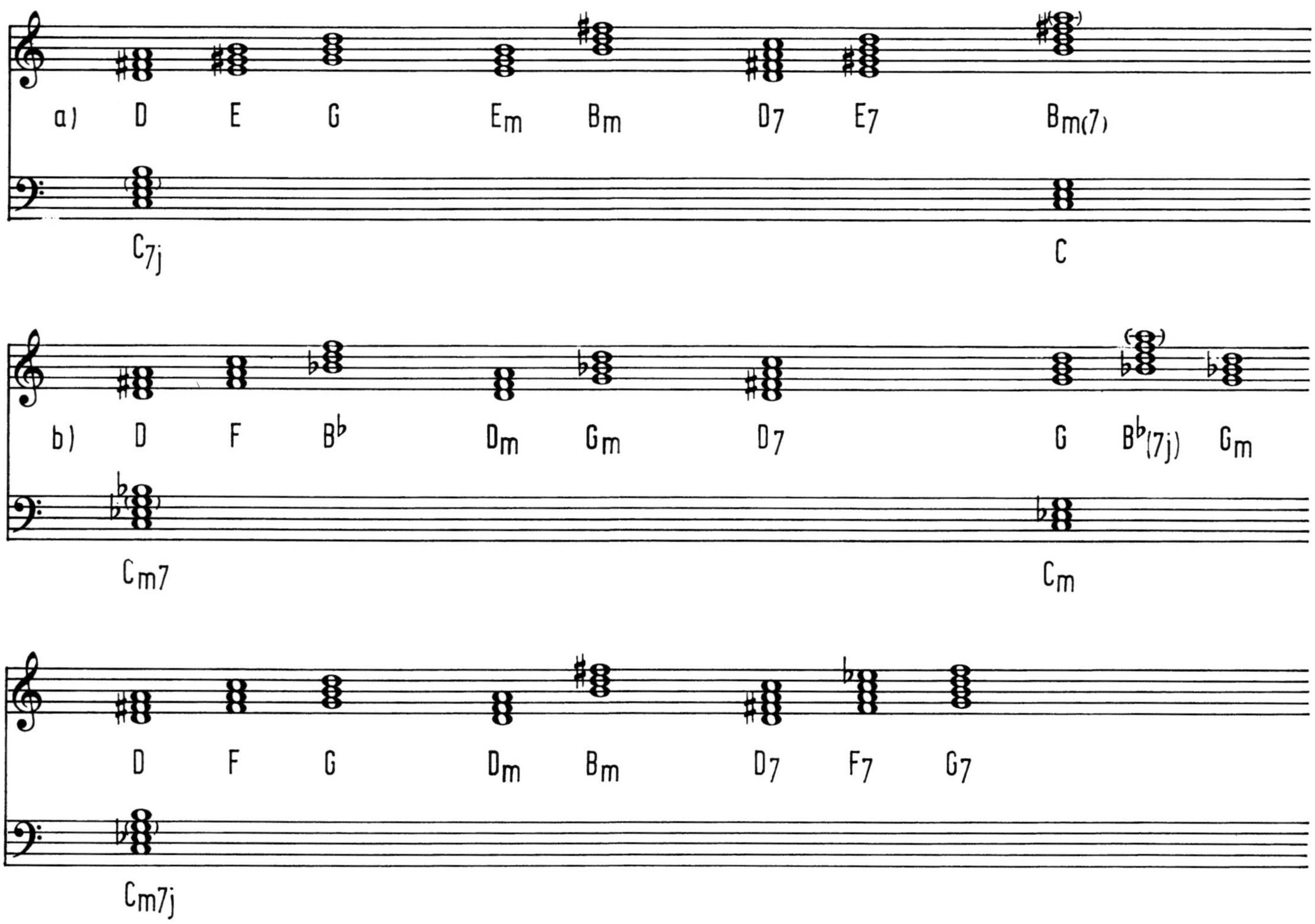

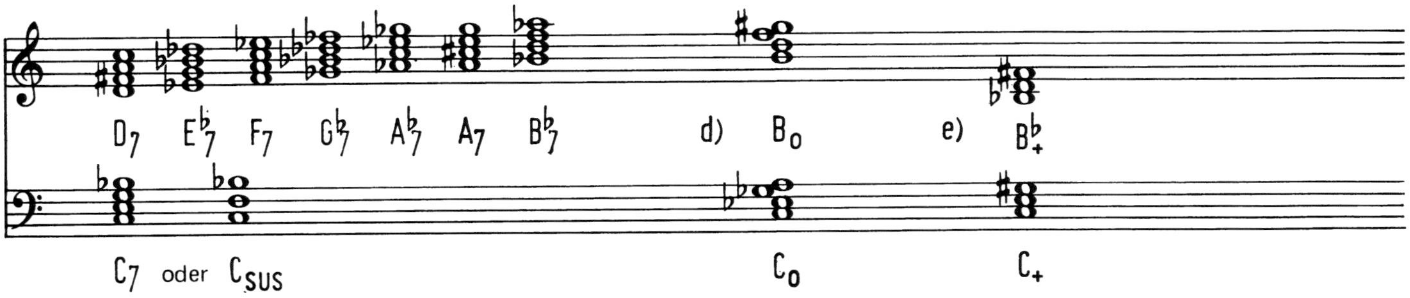

Üb. 113

$\frac{D}{C_{7j}} \triangleq C_{j11\#/13} \triangleq C^{S}_{I}$

$\frac{D}{C_{7}} \triangleq C_{11\#/13} \triangleq C^{S}_{I7}$

$\frac{D_m}{C_{m7}} \triangleq C_{m13} \triangleq C^{S}_{d}$

$\frac{B_o}{C_o} \triangleq C^{S}_{o2}$

$\frac{D_m}{C_{m7j}} \triangleq C_{mj13} \triangleq C^{S}_{mm}$

$\frac{B_+}{C_+} \triangleq C^{S}_{+}$

$\frac{D_m}{C_7} \triangleq C_{13} \triangleq C^{S}_{7}$

Üb. 114

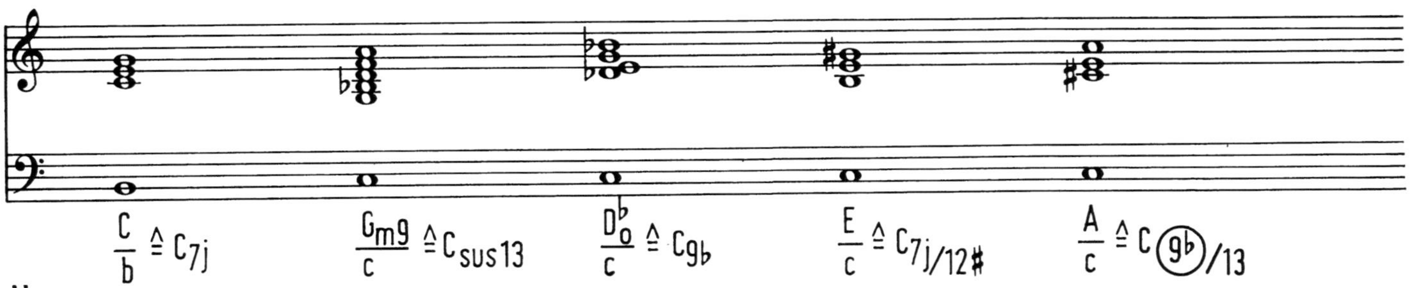

Üb. 115

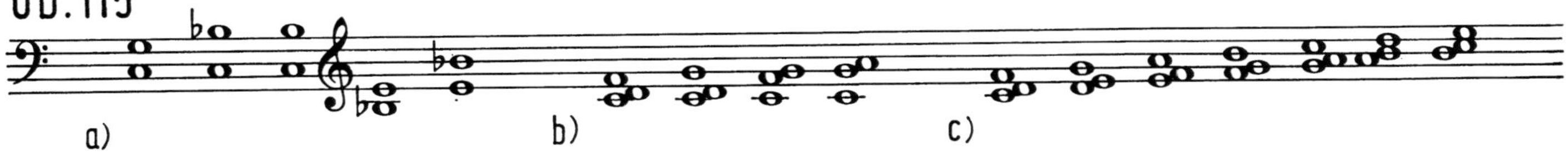

Üb. 116 ♩ = 76

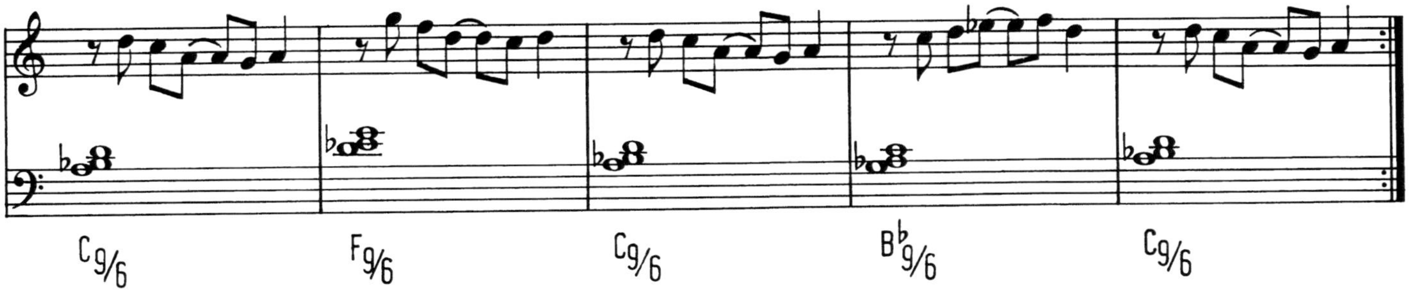

ZUSAMMENFASSUNG

Die Harmonik des Jazz ist oft mißverstanden worden. Man erkannte nicht, daß Akkorde und Akkordverbindungen auf ganz verschiedene Weise gehört werden können und daß die zweifellos im Jazz anzutreffenden Anleihen bei europäisch-traditioneller Musik nicht das Wesentliche an der Jazzharmonik darstellen.

Diese wird von Vorstellungen geprägt, die auch sonst für den Jazz charakteristisch sind: Verschleierung (ein Sich-einem-Ziel-Nähern in immer neuen vielfältigen Variationen), Überlagerung (Spiel mit Schwerpunkten), Wiederholung (als Kraftquelle), Bewegung, Emotion (Beschwörung — Freude).

Die Komponenten des Jazz sind keine Rasse-, sondern Kulturkriterien und damit übertragbar (A. Dauer). So wie man den Geheimnissen einer Sprache durch eingehende Beschäftigung immer näher und näher kommen kann, ist auch Musik in beliebiger Annäherung bis ins Innerste erfahrbar. Nur die zur Verfügung stehende Zeit und das Talent, Dinge in sich aufzunehmen, setzen hier Grenzen.

Viele Elemente des Jazz finden sich nach Jahren und Jahrzehnten in verdünnter — nicht selten auch verstümmelter — Form in der kommerziellen Tanzmusik wieder, so auch Bestandteile der Jazzharmonik. Jeder zweite Barpianist, zumindest der westlichen Welt, lebte in den 50er Jahren von George Shearings Blockakkorden, jedes Tanzorchester profitiert heutzutage von der Musik Kentons und Basies vor 10 oder 15 Jahren. Manche probieren es auch noch immer wieder mit Goodman und Miller. Das ist kaum zu ändern, aber man muß doch zwischen Original und Kopie, Ursache und Wirkung unterscheiden. Die Harmonik des Jazz nach den x-ten Aufgüssen zu beurteilen, die einem in der Hotelbar oder in einer Sendung „Musik für Jedermann" begegnen, führt zu völlig falschen Schlüssen.

Die Sprengung der Funktionsharmonik im Jazz durch Ornette Coleman und anderer war ein konsequenter Schritt. Bemerkenswert ist, daß dies nicht zu einer Verfestigung in Formeln wie in der Neuen Musik geführt hat. Das spontane Gestalten trat im Gegenteil noch stärker als früher im Jazz in den Vordergrund. Die Jazzmusiker haben damit gezeigt, wie fragwürdig der Begriff des „materialgerechten Komponierens" ist, mit dem in der Neuen Musik versucht wurde, die Durchstrukturierung aller Variablen im nichttonalen Bereich zu rechtfertigen.

Mit dem Free Jazz wurden aber die früheren Verfahrensweisen nicht aus der Welt geschafft. *Neue Entwicklungen lösen im Jazz die alten nicht ab, sondern sie treten zu diesen hinzu.*

Zu glauben, aufgrund der Entwicklungen der letzten zehn Jahre würden in Zukunft im Jazz früher verwendete Harmonien und Harmonieverbindungen keine Rolle mehr spielen, dürfte ein großer Irrtum sein. Bisher jedenfalls waren die Jazzmusiker immer frei genug, auf ihre eigene Geschichte und deren Verfahrensweisen zurückzugreifen, wenn es ihnen richtig erschien. Und schließlich „würde die vollkommene Neuschaffung aller Gesetze jeden Menschen in die vollkommene Isolierung treiben" (E. Ferstl).

SCHALLPLATTENVERZEICHNIS

1. Combos

a mit Akkordinstrument

Charlie Parker / The Savoy Recordings	SAVOY SJL 2201
Oscar Peterson plays Count Basie	METRO / VERVE 2356073
Thelonius Monk / Thelonius in action	RIVERSIDE RLP 12-262
Cannonball Adderly Quintet in San Francisco	RIVERSIDE RLP 1157
Bill Evans Trio/Portrait in Jazz	RIVERSIDE RLP 12-315
John Coltrane/Giant Steps	ATLANTIC SD 311
McCoy Tyner/Sahara	MILESTONE MSP 9039
Jim Hall – Ron Carter /Alone together	MILESTONE MSP 9045
Horace Silver/Silver'n Percussion	BLUE NOTE BN-LA 853-H

b ohne Akkordinstrument

Gerry Mulligan/Paris Concert	PACIFIC PJ 10102
Sonny Rollins/A night at the Village Vanguard	BLUE NOTE BLP-1581

2. Big Bands

Miles Davis/The complete birth of the cool	CAPITOL 5 C 052-80798
Dizzy Gillespie Orchestra	RCA CL 42787 AF
Count Basie/Atomic Mr. Basie	ROULETTE VB-SR 52003
Miles Davis / Miles ahead	COLUMBIA CS 8633
Woody Herman 1963	PHILIPS 652 025 BL
Thad Jones/Mel Lewis Orchestra – Live	SOLID STATE SS 18048

3. Lehrplatten zum Mitspielen

Jamey Aebersold/Vol. 24, 21, 3, 16	SELBSTVERLAG

Diese Liste erhebt keinen Anspruch auf Vollständigkeit. Bei Bezugsschwierigkeiten wende man sich an die Leitung des Studienzentrums für zeitgenössische Musik Burghausen, München 40, Klementinenstraße 17.